HEYNE
BÜCHER

Alle Angaben in diesem Buch beruhen auf dem neuesten Stand von Wissenschaft und Forschung. Grundsätzlich sollten jedoch alle Befindlichkeitsstörungen mit einem Arzt besprochen werden, ehe eine Selbstbehandlung vorgenommen wird. Insbesondere muß geklärt werden, daß die Beschwerden nicht Symptome von Krankheiten sind, die dringender ärztlicher Hilfe bedürfen. Für den Erfolg bzw. die Richtigkeit der Anwendungen in jedem Einzelfall können Autoren und Verlag keinerlei Gewähr übernehmen.

Eva Maria Haaga

# *Lapacho, das Lebenselixier der Inkas*

## Sanfte Naturmedizin gegen Infektionen, Hautleiden und Verdauungsbeschwerden

Originalausgabe

WILHELM HEYNE VERLAG
MÜNCHEN

HEYNE RATGEBER
08/5276

*Umwelthinweis:*
Dieses Buch wurde auf chlor- und säurefreiem Papier gedruckt.


http://www.heyne.de
Printed in Germany 1999
Lektorat: Barbara Imgrund
Umschlaggestaltung: Atelier Bachmann & Seidel, Reischach
Umschlagabbildung: Pflanzenarchiv Lavendelfoto, Hamburg
Innenabbildungen:
Seite 1: Pflanzenarchiv Lavendelfoto, Hamburg
Seite 2: Tony Stone Bilderwelten, München;
Archiv für Kunst und Geschichte, Berlin
Seite 3: Archiv für Kunst und Geschichte, Berlin
Seite 4: Tony Stone Bilderwelten, München;
Pflanzenarchiv Lavendelfoto, Hamburg
Satz: Schaber Satz- und Datentechnik, Wels
Druck und Bindung: Ebner Ulm

ISBN 3-453-15450-9

# Inhalt

**Anhang**

# Über dieses Buch: Ein Wort zuvor

Die Recherchen zu diesem Buch wurden mit größtmöglicher Genauigkeit und Sorgfalt durchgeführt. Es wurden nur aktuellste Daten aus vorliegenden Medienberichten, Büchern, Gesprächen mit Heilpraktikern, Naturheilkundigen und Pharmazeuten verwendet, dennoch können weder die Autorin noch der Verlag die Haftung für die Richtigkeit der in diesem Buch vorliegenden Informationen übernehmen. Auf keinen Fall ist dieses Buch zur Selbstmedikation bei behandlungsbedürftigen Erkrankungen gedacht. Hierbei sollte immer der Hausarzt, Heilpraktiker oder Apotheker zu Rate gezogen werden.
Auch wenn es bereits interessante Aussagen über die Wirkungsweise und das Wirkungsspektrum des Lapachotees gibt, heißt das noch lange nicht, daß wir sämtliche Eigenschaften des Tees im Labor nachweisen können. Die Inkas brauchten mehrere Jahrhunderte, um das breite Anwendungsfeld des Tees zu beobachten. Die beste Möglichkeit ist, das Getränk einfach zu probieren und die positiven Eigenschaften am eigenen Körper zu erfahren. Ihre Anregungen und Fragen nehmen wir gern unter der Faxnummer 0 99 42 / 90 22 01 oder der Internetadresse http://www.Angerstein.de entgegen.

# Einleitung

Die Heilkräfte der Rinde des Lapachobaumes sind bei den Ureinwohnern der südamerikanischen Regenwälder seit alten Zeiten bekannt. Vor etwa 40 Jahren begann sich auch die Pharmazie mit den vielfältigen Bestandteilen dieses Baumes zu beschäftigen.
Gerade in unserer modernisierten und hektischen Zeit versuchen immer mehr Menschen, auf natürliche Heilweisen zurückzugreifen. Es ist daher also nicht verwunderlich, daß nun die Lapachowelle, die in Südamerika und den USA schon lange ins Rollen gekommen ist, langsam zu uns herüberschwappt.
Die Medizinmänner einiger indianischer Stämme arbeiten schon seit geraumer Zeit mit dieser wertvollen Rinde des »Baumes der Götter«, wie ihn die Naturvölker ehrfürchtig nennen.
Ohne Zweifel hat die Schulmedizin Erstaunliches zustande gebracht. Leider vermißt man noch häufig die für die Naturheilkunde selbstverständliche, ganzheitliche Sicht, also die Berücksichtigung des Zusammenspiels von Körper, Geist und Seele.
Zuerst jedoch müssen wir umdenken. Die kurative Art der Heilung, wie sie uns die Schulmedizin beigebracht hat, kann nicht die richtige Lösung sein. Wir sollten uns überlegen, was uns unser Körper gerade mit dieser oder jener Krankheit sagen will.
Lapacho ist eine sehr gute und verträgliche Möglichkeit, uns von vielen unserer Zivilisationskrankheiten zu heilen oder sie zumindest stark zu lindern.

Doch auch der Lapachotee ist nicht imstande, unsere Leiden zu besiegen, wenn wir selbst nicht bereit sind, unsere Lebensgewohnheiten umzustellen: Wenn also z. B. jemand unter massiven Verdauungsstörungen leidet, fleißig seine Lapachokur macht, ihm jedoch jede Art körperlicher Anstrengung (Spaziergänge, Gymnastik etc.) ein Greuel ist und eine Ernährungsumstellung mit viel ballaststoffreicher Kost nicht in Frage kommt, kann der Tee keine Wunder bewirken, obwohl er Erstaunliches zu leisten vermag.

# Ein kleiner Ausflug in die Geschichte

Das Wissen um die Heilkraft dieses Tees ist mit Sicherheit nicht neu, da in den meisten südamerikanischen Ländern Lapacho bereits seit Jahrtausenden heilkundlich eingesetzt wird. Inzwischen sind sogar Hinweise entdeckt worden, daß die Rinde des »göttlichen Baumes« schon vor der Inkazeit Verwendung fand. Im Jahre 1884 gelang es dem Wissenschaftler Paternó, das Lapachol, den wahrscheinlich bekanntesten Stoff in der Rinde des Lapachobaumes, zu isolieren. Zwölf Jahre später konnte die chemische Struktur analysiert werden, mit der 1927 der Stoff synthetisiert wurde.
Einer der ersten Pioniere in der wissenschaftlichen Lapachoforschung, Dr. Theodoro Meyer, erfuhr von der Heilkraft des Lapacho bei seinen Forschungsreisen von einem Indianerstamm. Hier beobachtete der Botaniker, der schon einige staatliche Auszeichnungen für seine Forschertätigkeit erhalten hatte, daß Lapacho bei einer Vielzahl chronischer Krankheiten – z. B. Rheuma, Diabetes, Arthritis – Linderung und sogar Heilung verschaffen kann. Durch die Indianer auf den Geschmack gekommen, forschte Dr. Meyer nun selbst nach. Er versuchte vor allem die Schulmediziner von der Kraft des Baumes zu überzeugen. Leider blieben seine diesbezüglichen Bemühungen ohne Erfolg: Gelder, die für seine Forschungen vonnöten gewesen wären, blieben ihm versagt, obwohl er für seine Arbeiten sogar den Nationalen Preis für Biologie erhalten hatte. 1927 starb er, enttäuscht von der Uneinsichtigkeit der Schulmedizin.

Im Jahre 1967 sorgte ein weiterer Mediziner für Schlagzeilen: Professor Walter Accorsi, der in einem Hospital bei São Paulo arbeitete. Er gab bekannt, daß er bereits bei seinen ersten Experimenten mit Lapacho zwei wichtige Entdeckungen hatte machen können: Auf der einen Seite wirkt der Tee schnell schmerzlindernd, auf der anderen Seite wird die Anzahl der roten Blutkörperchen drastisch erhöht. Er empfahl den Tee öffentlich gegen einige schwerwiegende Erkrankungen; sogar bei Krebs sollte er die Patienten von den oft unerträglichen Schmerzen weitestgehend befreien.
Ein dritter Arzt aus Fort Lauderdale behauptete, mehrere Menschen mit Lapacho völlig von ihren Krebserkrankungen befreit zu haben. Es ist also nicht verwunderlich, daß vor allem die US-Amerikaner immer mehr Interesse an diesem Naturheilmittel bekundeten.
Die Erfahrungsberichte schienen kein Ende nehmen zu wollen. Es ging sogar soweit, daß die Bundesregierung von Kanada Lapacho einem Arzneimittelzulassungsverfahren unterziehen wollte. Das bedeutete jedoch, daß der Tee bis zum eindeutigen Beweis seiner Wirksamkeit vom Markt genommen werden mußte. Es kam zu Demonstrationen, die so lange andauerten, bis der Tee wieder in Reformhäusern erhältlich war; aus dieser Zeit existieren aufsehenerregende Heilungsgeschichten. Die Droge sorgte in südamerikanischen und später auch in nordamerikanischen Zeitungen für Schlagzeilen. Zeitweise war die Nachfrage nach Lapacho so groß, daß es zu Versorgungsengpässen kam. In diesen Zeiten wurden auf dem boomenden amerikanischen und kanadischen Markt von den dortigen Gesundheitsbehörden viele Verfälschungen und Drogenverschnitte der angebotenen Lapachoware aufgedeckt.
Seit einigen Jahren ist der Rindentee nun auch in Deutschland, Österreich und der Schweiz zu haben. Hier wird Lapachotee als allgemeines Stärkungsmittel empfohlen und eingesetzt. Gemäß den Überlieferungen der traditionellen Medizin findet der Tee auch als Unterstützung bei Krebs- und Viruserkrankungen, fiebrigen Erkältungen und Hautkrankheiten Anwendung.

# *Aus der Heimat des Lapachobaumes*

## Hier wächst der Baum der Götter

Der Lapachobaum – *Bignoniaceae Tabebuia Gomes ex DC.*, wie sein botanischer Name lautet – kommt in weiten Teilen Süd- und Mittelamerikas vor; so unter anderem in Brasilien, Kolumbien, Ecuador, Peru, Venezuela, Bolivien und sogar in Indien. Mahatma Gandhi soll täglich eine Tasse dieses köstlichen Tees getrunken haben.

Die Vielfalt dieser Pflanze scheint grenzenlos zu sein. Es gibt etwa sechs Varianten in Zentralamerika, über 70 in der Karibik und mehr als 20 Unterarten in Südamerika. Die botanische Gattung der Tabebuia umfaßt somit ca. 100 Arten, die nach dem Aussehen der Blätter und Blüten unterschieden werden können. Die meisten Bäume sind immergrün, d. h. nur wenige von ihnen verlieren im Winter die Blätter. Die Blütenpracht des Lapachobaumes ist grandios, ein wahres Paradies für Insekten aller Art. Die Blüten sind vier bis sieben Zentimeter lang, mit einem Durchmesser von zwei bis fünf Zentimetern, und sehen aus wie kleine Trompeten. Der Lapacho blüht von Oktober bis Februar und erfreut uns in den Farben Rot, Gelb, Weiß oder Violett. Sogar Roosevelt soll staunend vor diesen prächtigen Bäumen gestanden und sich nach der Möglichkeit erkundigt haben, diesen Baum

auch in den USA anzupflanzen. Die Pflanze gedeiht auf gutem kalk- und eisenreichem Mutterboden, ist jedoch ebenso mit eher sandigem Untergrund zufriedenzustellen. Bei einer Höhe von bis zu 20 Metern kann der Baum einen Stammdurchmesser von etwa 70 Zentimetern und unter guten Bedingungen das stolze Alter von 700 Jahren erreichen.
Für Heilanwendungen kommt bei uns, trotz der vielen Unterarten, nur die Rinde des Roten Lapacho, des *Lapacho colorado*, in Frage.

## Hinter diesen Namen versteckt sich Lapacho

In Brasilien nennt man den Roten Lapacho auch *Pau d'Arco*, »Stock für den Bogen«, da aus dem extrem harten Holz, das mechanisch sehr belastbar ist, bereits von den Inkas Jagd- und Kampfbögen gefertigt wurden.
Ein weiterer Name lautet *Ipe roxo*, wobei *ipe* ein portugiesisches Wort für Rinde ist und *roxo* die Farbe Rot bezeichnet – die Rote Rinde also, aus der die meisten Heilkräfte geschöpft werden können.
Die Arten, aus denen der Arzneitee heute überwiegend für den Weltmarkt hergestellt wird, heißen *Tabebuia inpetiginosa* oder auch *Tabebuia avellaneda*. In Südamerika werden dagegen so gut wie alle Arten des Lapacho zu Heilzwecken eingesetzt. Jedoch ist nicht jede Rinde des Baumes so unbedenklich einsetzbar wie die des Roten Lapacho – aber keine Sorge, in Deutschland werden nur die nebenwirkungsfreien Sorten in den Handel gebracht.

## Birgt die Rindengewinnung eine Gefahr für den Regenwald?

Diese Frage war für mich von besonderer Bedeutung, da der Regenwald unverzichtbar für unser Ökosystem ist. Seit Beginn der kommerziellen Nutzung im großen Stil sind die Regenwaldbestände um die Hälfte verringert worden. Man weiß, daß, wenn das Holz bei gleichem Tempo wie bisher und bei gleicher Art der Nutzung weiter abgebaut wird, in spätestens 100 Jahren nichts mehr davon übrig ist.

Nachdem ich alle mir vorliegenden Bücher durchforscht und mich mit einigen Naturschützern unterhalten hatte, bin ich zu der Überzeugung gekommen, daß die Lapachorindengewinnung anscheinend nicht auf Kosten des Regenwaldes gehen muß, wenn die Gewinnung fachmännisch kontrolliert wird. Der Tee hat nicht nur für uns seine guten Seiten (schafft er doch inzwischen Arbeit und Brot für viele Menschen, die es bitter nötig haben): Die innere Rinde des Baumes wird so geerntet, daß der Baum bei voller Gesundheit bleibt; zudem werden, bedingt durch den höheren Bedarf an Rinde, immer mehr Lapachoplantagen ins Leben gerufen. Hier wachsen die Bäume in kontrolliert-biologischem Anbau, die Plantagenbetreiber haben sehr strenge Auflagen einzuhalten. Während bei den wildwachsenden Pflanzen die Ernte einmal jährlich vorgenommen wird, ernten die Plantagenarbeiter zweimal. Leider ist die Qualität der Wildernte immer noch besser, da die volle Wirkstoffkombination erst in Bäumen ab einem Alter von ungefähr 40 Jahren zu finden ist. Nachdem es die große Anfrage nach Lapacho aber noch nicht so lange gibt, sind die Bäume auf den Plantagen erst zehn bis 20 Jahre alt. Logischerweise wird die Qualität jedoch mit jedem Jahr besser.

Auch bei der industriellen Nutzung – Lapacho liefert sehr stabiles und dekoratives Holz für Möbel, Parkettböden und Schiffsplanken – fällt Rinde (als Abfallprodukt) an. Diese Quelle spielt aber glücklicherweise keine große Rolle mehr auf dem Teemarkt.

# Die Qualität bestimmt die Wirkung

## Das Besondere an den Heilpflanzen aus dem Regenwald

Der Regenwald hat für uns Europäer schon immer einen besonderen Reiz gehabt. Er erscheint geheimnisvoll, voller interessanter Tiere und Pflanzen, die noch nahezu unerforscht sind. Immer wieder findet unsere Wissenschaft etwas über heilsame Pflanzen- und wirksame Tiergifte heraus, die, teilweise und nach genauerer Forschung, auch für die Humanmedizin genutzt werden können. In den letzten Jahren haben systematische Untersuchungen die Wirksamkeit etlicher Tropenpflanzen untermauert. Dennoch ist nicht abzusehen, wann wir uns endlich ein vollständiges Bild über die vielfältigen Heilungsmöglichkeiten aus dem Regenwald machen können – zumal dieser durch unseren Einfluß bereits in vielfacher Hinsicht zerstört und seine Artenvielfalt unwiederbringlich dezimiert ist.
Ein Wettlauf mit der Zeit hat begonnen. Viele Pharmakonzerne schicken Spezialistentrupps in die tropischen Regenwälder, um wirksame Substanzen gegen unsere vielfältigen Erkrankungen zu finden. Stellt sich eine dieser Substanzen schließlich als wertvoll heraus, so kann es sein, daß sie bereits für immer verschwunden ist. Der Regenwald hatte durch seine Unberührtheit

die Möglichkeit, faszinierendes Tier- und Pflanzenmaterial zu entwickeln und zu bewahren. So blieb uns bisher im Tropenwald eine Vielfalt an heilwirksamen Stoffen erhalten, die in gewisser Weise mit dem vergleichbar ist, was die ersten römischen Kräutersammler vor zweitausend Jahren vorfanden, als sie Germaniens Boden zum ersten Mal betraten. Alle Pflanzen konnten sich auf unbehandeltem Boden und in einem sich selbst überlassenen biologischen Regelkreislauf entwickeln und daher mehr Heilkräfte in sich bergen als alle künstlich gezüchteten Arten.

## Haltbarkeit und Lagerung

Lapachotee ist bei idealer Lagerung relativ lange haltbar. Nach der gesetzlich geregelten Verpackungsvorschrift muß, neben dem Inhalt und der Füllmenge, auch das sogenannte Mindesthaltbarkeitsdatum angegeben werden; trotzdem empfiehlt es sich, geöffnete Packungen möglichst schnell zu verbrauchen, um das einzigartige Aroma zu erhalten. Wenn Sie nicht zu denjenigen gehören, die sehr viel Tee trinken oder eine der vorgeschlagenen Kuren ausprobieren möchten, ist es angebracht, kleinere Mengen, z. B. 100 Gramm, einzukaufen.
Wie jeden anderen Tee auch sollten Sie ihn luftdicht, dunkel und nicht zu warm aufbewahren. Am besten geeignet sind dafür Blechdosen, die es in allen Teegeschäften in den unterschiedlichsten Farben, Formen und Varianten zu kaufen gibt. Schraubgläser sind nur dann geeignet, wenn sie aus braunem bzw. dunklem Glas bestehen.
Seit kurzem wird Lapachotee auch in Aufgußbeuteln angeboten, was die Handhabung entscheidend erleichtert. Jedoch ist, genauso wie beim schwarzen Tee, die Qualität loser Sorten höher.
Seriöse Anbieter legen sehr viel Wert auf die schonende Rindengewinnung. Diese innere Schicht des Baumes wird von Hand geschält, etwa so wie bei der Gewinnung der Korkeichenrinde. Das Nachwachsen der Rinde benötigt jedoch Zeit, und so ist es

verständlich, daß qualitativ hochwertiger Tee seinen Preis hat. Die in Reformhäusern und Bioläden angebotenen Sorten erfüllen mit hoher Wahrscheinlichkeit unsere Ansprüche, auch was die sanfte Nutzung des Regenwaldes betrifft. Natürlich können Sie bei Ihrem Händler gezielt nachfragen und sich auch Informationsmaterial von ihm besorgen lassen.

## Was Sie beim Einkaufen beachten sollten

Im Handel ist Lapacho, wie bereits erwähnt, lose oder in Aufgußbeuteln erhältlich. Inzwischen hat sich die Industrie auf den Lapachoboom eingestellt und die heilende Rinde auch in Form von Tabletten bzw. Kapseln und einem Elixier auf den Markt gebracht. Die geschmacklose Tablette scheint auf den ersten Blick einige Vorteile gegenüber dem Tee zu haben: Sie bietet eine wesentlich höhere Dosierung der Inhaltsstoffe, was jedoch nach meiner Erfahrung durchaus negative Folgen haben kann; es kann unter Umständen dadurch zu Hautirritationen und Übelkeit kommen. Diese Überreaktionen sollten jedoch sofort nach dem Absetzen der Tabletten wieder verschwinden.
Zur äußerlichen Anwendung lassen sich die Tabletten in Wasser auflösen; Professor Accorsi von der Universität São Paulo bezweifelt allerdings, daß Lapachotabletten ihre volle Wirkung entfalten: Er ist der Meinung, daß es bei Einnahme der Tabletten leicht zu Überdosierungen kommen kann, da sie nicht alle Wirkstoffe der Rinde in natürlichem Verhältnis enthalten, sondern der Anteil an Lapachol erhöht wurde.
Nicht unerwähnt bleiben darf, daß beim Genuß des Tees außerdem die Nieren durchgespült werden. Nachdem fast jeder Bundesbürger zuwenig trinkt, ist dies ein entscheidender Punkt, der für das heilende Getränk spricht.
Der einzige tatsächliche Vorteil der Tabletten ist, daß die langwierige Zubereitung des Tees wegfällt: Denn nach fünfminütigem Aufkochen muß dieser zusätzlich noch 20 Minuten ziehen, bevor er genossen werden kann.

Sollten Sie sich nun dazu entschlossen haben, die Rinde direkt zu kaufen und dieses Heilgetränk selbst zuzubereiten, beachten Sie bitte folgendes:
Die geschnittene Rinde sollte eine schöne rotbraune Farbe aufweisen. Achten Sie darauf, daß der Tee nicht in Plastik verpackt wurde: Stoffbeutel, Papier und Pappe sind die weitaus besseren Verpackungsmaterialien. Gerade auf Wochenmärkten, Bauernmärkten, Kirchweihen etc. werden die Tees oft in Plastikbeuteln angeboten – fragen Sie unbedingt nach, wann die Rinde in diese kleinen Portionen verpackt und wie der Tee angeliefert wurde. Meist beziehen die Verkäufer Teesorten, die sie nicht selbst herstellen können, wie z. B. Kräutertees, über Zwischenhändler. Wurde der Tee, wie meistens, in Stoffbeuteln angeliefert und erst vor einigen Tagen umgefüllt, können Sie ihn beruhigt kaufen und ihn daheim in geeignetere Gefäße umfüllen.
Lapachotee wird auch unter dem Namen Lapachorincentee, Roter Lapachotee oder Inkatee angeboten. Dahinter versteckt sich jedoch immer das gleiche Produkt. Lassen Sie sich also nicht irritieren.

# Was enthält der Lapacho und wie wirkt er?

Die Indianer nannten den Lapachobaum den Baum des Lebens und den Beschützer der Lebenskraft. Sie wußten zwar mit Sicherheit noch nicht, warum dieser Baum eine solche Kraft besaß, aber daß er bei vielen Leiden Linderung und sogar vollkommene Heilung bringen konnte, hatten sie schnell bemerkt. Unserer Wissenschaft ist es zu verdanken, daß wir inzwischen, zumindest teilweise, erahnen können, warum der Tee solch hervorragende Eigenschaften hat.

Zu seinen wichtigsten Inhaltsstoffen zählen Mineralstoffe und Spurenelemente, die in einer ausgesprochen wertvollen und günstigen Kombination vorliegen. Diese Stoffe werden tagtäglich über unseren Darm ausgeschieden und müssen mit der Nahrung unbedingt wieder zugeführt werden, da ein Defizit an diesen Schutz- und Regelstoffen fatale Folgen für den ganzen Organismus hätte. Leider wird durch unsere denaturierte Kost der Körper nicht mehr ausreichend mit Vitaminen und Mineralien versorgt, was zu eindeutigen Mangelzuständen führt.

Es ist jedoch nicht so einfach, diese über Jahre angeeigneten und erlernten Eßprogramme wieder abzulegen. Aufgrund der steigenden Belastung durch Umweltgifte, wie Schwermetalle und Pestizide, werden die Folgen der Mangelernährung zusätz-

lich noch verstärkt. Die typischen Zivilisationskrankheiten lassen sich inzwischen bei fast jedem von uns finden.
Lapacho enthält relativ viel Eisen und Kalzium und vergleichsweise mittlere Mengen an Selen. Der Gehalt von Magnesium, Mangan, Vitamin C und Zink ist relativ gering. Außerdem sind Spuren von Barium, Kalium, Kupfer, Molybdän, Natrium, Nickel, Phosphor, Vitamin A und Teile des Vitamin-B-Komplexes zu finden. Im folgenden seien die heilenden Wirkstoffe des Lapachotees und ihre Funktionen näher beschrieben.

## Eisen

Dieser Stoff ist besonders bedeutsam für den Sauerstofftransport im Blut. Außerdem ist Eisen ein Bestandteil des wichtigen Blutfarbstoffs (Hämoglobin). Die Eisenaufnahme erfolgt zum größten Teil über den Darm, wobei es sich hier um einen komplizierten, bis heute nicht vollständig geklärten Vorgang handelt. Ein Eisenmangel äußert sich durch Appetitlosigkeit, Antriebslosigkeit, Leistungsabfall und schlimmstenfalls – bei länger anhaltendem Mangel – Anämie (Blutarmut). Während der Schwangerschaft und Stillzeit steigt der normale Tagesbedarf bis zum Dreifachen an.

## Kalzium

Der Mineralstoff ist wichtig für den Aufbau von Knochen und Zähnen. Ferner spielt Kalzium eine erhebliche Rolle bei der Blutgerinnung sowie bei der Erregbarkeit von Muskeln und Nerven und stabilisiert die Membranen der Körperzellen. Besonders bei Kindern und Jugendlichen in der Wachstumsphase, in Schwangerschaft und Stillzeit und bei älteren Personen ist der Bedarf an Kalzium hoch.
Ein Mangel kann auch durch das Fehlen von Vitamin D zustande kommen, da Vitamin D die Einlagerung von Kalzium in die Knochen fördert. Dieser Mangelzustand führt zu schmerzhaften Muskelkrämpfen, Rachitis und Osteoporose.

## Selen

Selen ist ein sogenanntes Antioxidans. Zahlreichen Studien und Untersuchungen zufolge sind Menschen, die ausreichend Antioxidantien zu sich nehmen – am besten durch eine vollwertige Ernährung – gesünder als andere. Die gesundheitsfördernde Wirkung dieser Stoffe erklärt sich durch die Art und Weise, wie der Körper Energie erzeugt und sich seiner Endprodukte entledigt. Der Hauptbrennstoff, der die meisten biologischen Prozesse in uns aufrechterhält, ist der Sauerstoff. Sind diese Prozesse jedoch abgeschlossen, bleiben Rückstände oder Abfallprodukte übrig, die irgendwie entsorgt werden müssen. Ihr Ofen im Wohnzimmer schickt den Rauch durch den Schornstein, Ihr Auto hat einen Auspuff; das entsprechende Abfallprodukt des Stoffwechsels, insbesondere, wenn dabei Sauerstoff im Körper verbraucht wird, sind die Freien Radikale. Da unser Entsorgungssystem nicht sehr effizient ist, sammeln sich diese Freien Radikale im Körper an und verbinden sich mit verschiedenen Substanzen, vor allem mit Fett und Eiweiß. Man vermutet, daß solche Verbindungen die Entwicklung von Krebs, den Alterungsprozeß, Arthritis und auch Erkrankungen von Herz und Blutgefäßen beschleunigen.

Selen ist sozusagen ein biologischer Schutzstoff, der die schädlichen Wirkungen der Umweltgifte und Schwermetalle, wie z. B. Quecksilber, verringert. Erkrankungen, etwa Herzinfarkt und Lungen- bzw. Brustkrebs, treten in Regionen mit selenreicher Nahrung wesentlich seltener auf. Trotz der Schutzwirkung von Selen muß von einer übermäßigen und unkontrollierten Zufuhr abgeraten werden, da es bei einer Überversorgung zu einer chronischen Selenvergiftung mit Symptomen wie Karies, Haarausfall, Herz-Kreislauf-Beschwerden und Leberschäden kommen kann. Gute Selenlieferanten sind Fisch, Getreide, Hülsenfrüchte und natürlich Lapacho.

## Magnesium

Magnesium ist Bestandteil und Aktivator wichtiger Regelstoffe, die zur Energiegewinnung in unserem Körper benötigt werden. Es ist an der Reizübertragung von den Nerven auf die Muskeln beteiligt, schützt vor Thrombosen und Infarkten und ist wichtig für die Erhaltung der Abwehrkräfte. Bei einem Mangel an Magnesium kann es zu Muskelzuckungen, Krämpfen (z. B. Wadenkrämpfe) und Herzrhythmusstörungen kommen.

## Mangan

Das Spurenelement Mangan ist besonders wichtig für die Entgiftung des Körpers sowie für die Steigerung der körpereigenen Abwehrkräfte; es ist Baustoff für Bindegewebe, Knochen und Knorpel. Bei einem Mangel an Mangan wurden im Tierversuch Störungen der Fruchtbarkeit festgestellt.

## Zink

Zink ist besonders entscheidend für den Eiweiß- und Kohlehydratstoffwechsel und spielt eine große Rolle bei der Wundheilung. Bei Zinkmangel können Haarausfall, erhöhte Infektionsanfälligkeit und schlechte Wundheilung auftreten.

## Phosphor

Auch Phosphor ist, ebenso wie Kalzium, Bestandteil unseres Skeletts. Er ist wichtig für den Prozeß der Energiegewinnung und -umwandlung und von Bedeutung für die Gehirn- und Nerventätigkeit.

## Lapachol

Der eigentliche Energieträger des Lapacho ist die innere rotbraune Rinde.
Neben den Mineralien, Spurenelementen und dem Sauerstoff gibt es einen weiteren, sehr interessanten Inhaltsstoff des Lapachotees, das sogenannte Lapachol; es ist im harten Kernholz in Form gelblicher Kristalle zu finden. Während dort die Konzentration erstaunlich hoch ist, ca. vier Prozent, erweist sich die Rinde mit etwa einem Promille als recht lapacholarm. Es können also nicht alle Heilwirkungen auf das Lapachol zurückgeführt werden – vielmehr ist wohl die einzigartige Wirkstoffkombination verantwortlich für die überzeugenden Heilerfolge, die mit Lapachotee zu erzielen sind.

## Vanillin

Für den angenehmen Geschmack und Geruch sind vor allem die Stoffe Vanillin und Vanillinsäure zuständig.

## Alkaloide

Durch die Alkaloide, die für den bitteren Geschmack der Pflanzen sorgen, erhält der Lapachotee seine schmerzstillende Wirkung.

## Saponine

Die sogenannten Saponine (abgeleitet vom lateinischen *sapo* = Seife) tragen dazu bei, daß Lapacho wasserlöslich ist, und schützen den Körper vor schädlichen Pilzen. Einige der im Lapacho enthaltenen Saponine sind in der Lage, das Wachstum von Tumoren zu verringern. Diese sehr wichtigen Inhaltsstoffe finden Sie auch in anderen Lebensmitteln, wie z. B. in Sojabohnen, Alfalfa, Spinat und Roten Beten. Die im Lapacho enthaltenen

Saponine haben eine milde cholesterinsenkende Wirkung; ferner fördern sie nachweislich die Fettverdauung.

### Tannine

Tannine unterstützen die Heilwirkung des Lapacho bei Brandwunden. Sie kommen jedoch nur in geringen – wiewohl wirksamen – Mengen vor.

### Gerbstoffe

Der hohe Gerbstoffgehalt, der bei manchen Sorten bei bis zu 18 Prozent liegt, ist ebenfalls wichtig. Er verleiht Extrakten aus dem Baum des Lebens eine adstringierende (zusammenziehende) Wirkung: So läßt sich die gute Heilwirkung bei Wunden, Hautausschlägen und Ekzemen erklären.

## Hat Lapacho Nebenwirkungen?

Bei meinen Nachforschungen bin ich zu dem Ergebnis gekommen, daß Lapacho anscheinend keinerlei Nebenwirkungen hervorruft. Es gibt zwar einige harmlose Überempfindlichkeitsreaktionen auf den isolierten Stoff Lapachol, wenn dieser in größerer Konzentration Verwendung findet, aber im Tee ist dieser Stoff in so geringen Mengen enthalten, daß daraus keine Gefahr entsteht. In ganz seltenen Fällen sollen Allergien bei der äußerlichen Anwendung aufgetreten sein – allerdings in so geringem Umfang, daß dies nicht ins Gewicht fällt. Dennoch sollten Sie sich selbst genau beobachten, denn nur Sie können entscheiden, ob Sie zu diesen wenigen Fällen gehören. Um ganz sicherzugehen, sollten Sie bei Verdacht auf eine allergische Reaktion den folgenden Lymphknotentest durchführen.

### Der Lymphknotentest

Die Haut über den Ellenbogen, den Achselhöhlen und dem Leistenbereich ist sehr dünn und liegt zudem direkt über den Lymphknoten; diese enthalten bekanntlich besonders viele Abwehrkörper. Reibt man an den genannten Stellen einige Tropfen des Tees auf die Haut, so können sich in kürzester Zeit allergische Reaktionen in Form von Rötungen, Juckreiz oder Bläschen zeigen; dies wären deutliche Hinweise auf eine allergische Überreaktion. Testen Sie den Tee am besten in der linken Ellenbeuge (wenn Sie Rechtshänder sind, sonst umgekehrt): Können Sie auch nach ein paar Stunden keine Reaktion feststellen, so dürfen Sie dies als positives Zeichen werten.

### Schwangerschaft und Stillzeit

Sogar in Schwangerschaft und Stillzeit darf der Tee in der Menge von bis zu einem Liter pro Tag getrunken werden, um den erhöhten Mineralstoffbedarf zu decken. Generell jedoch sollten alle Lapachoanwender einen Liter Tee als normale Genußmenge ansehen. Trotz seiner milden Wirkung sollten Sie Lapachotee nicht im Übermaß genießen, denn auch ein pflanzlicher Stoff kann bei Mißbrauch zu unerwünschten Begleiterscheinungen führen: Es kommt immer auf die richtige Dosierung an!
Grundsätzlich ist es immer besser, eine Lapachotherapie mit Ihrem Heilpraktiker oder Hausarzt abzusprechen. Nur er kann Ihnen individuelle Ratschläge erteilen und weiterhelfen.

## Lapacho, ein Wunderbaum?

Nein, ganz bestimmt nicht. Seine einzigartige Wirkstoffkombination und die besondere Verträglichkeit machen ihn zu einem ausgesprochen vielseitigen Naturheilmittel. Er vermag einiges, und doch gibt es auch bei diesem »göttlichen Baum« Grenzen. An diese stoßen Sie besonders schnell, wenn Sie nicht bereit sind, falsche Angewohnheiten, wie z. B. ungesunde Ernährung oder mangelnde Bewegung abzulegen. Es läßt sich mit Sicherheit sagen, daß der Baum über große Heilwirkung verfügt. Der einfachste Beweis dafür ist, daß Termiten das Holz des Lapacho meiden und sich auf seinem Stamm keinerlei Pilze ansiedeln.

*Lapacho wirkt vor allem:*

- entgiftend
- abwehrstärkend
- schmerzstillend
- blutdrucksenkend
- harntreibend
- wundheilend
- entzündungshemmend
- antitumoral
- fiebersenkend
- antibakteriell
- antimykotisch
- blutreinigend
- hautreinigend
- antibiotisch.

Weltweite Forschungen haben ergeben, daß der Stoff Lapachol eine eindeutige antivirale Aktivität gegenüber dem Polioerreger Typ 1, *Herpes simplex* Typ 1 und 2 und gegen einige Grippeerreger aufweist. Lapachol ist außerdem in der Lage, Geschwüre zu heilen, und beugt der Entstehung von Magen- und Zwölffingerdarmgeschwüren vor. Besonders hervorzuheben ist auch die Tatsache, daß dieser Inhaltsstoff des Tees häufig die starken Schmerzen lindert, die mit Krebserkrankungen einhergehen. Trotz dieser segensreichen Eigenschaften sollte Lapachol nicht in isolierter Form Anwendung finden, ist es doch ein recht aggressives – wenn auch medizinisch vielseitig nützliches – Mittel. Der Tee dagegen ist aufgrund seines geringen Lapacholgehalts ein sehr harmonisches »Medikament«.

Die Natur hat sich etwas bei dieser Zusammensetzung im Lapacho »gedacht«: Erst die gelungene Synthese macht die beeindruckende Wirkung aus, die sich nicht auf einzelne Stoffe zurückführen läßt. Im Gegenteil, wenn der natürliche Zusammenhang verlorengeht, stellen sich alle möglichen Nebenwirkungen ein, wie sie auch von anderen isolierten Wirkstoffen bekannt sind.
Nun sind Sie selbst in der Lage zu beurteilen, ob der Lapacho ein Wunderbaum ist oder nicht.

# So einfach sieht die Praxis aus

Lapacho ist ein ausgezeichnetes Naturheilmittel, das die Heilung vieler Krankheiten unterstützt. Nun stellt sich natürlich die Frage, wie Sie die Rinde des Lebensbaumes konkret anwenden können. Die Praxis erfordert wenig Zeit und Mühe, trotzdem sollten Sie einige entscheidende Regeln unbedingt beachten. Sie können Lapacho sowohl innerlich als auch äußerlich anwenden. Jedoch spielt der Teegenuß die größere Rolle und ist denkbar einfach; wichtig ist dabei nur die richtige Zubereitung unseres heilenden Getränkes.

## Generelles zur Dosierung

Egal, ob Sie den Tee lose oder in Beuteln erworben haben, die Zubereitung ist stets dieselbe: Auf 1 Liter kochendes Wasser geben Sie 2 Eßlöffel Rinde bzw. 2 Beutel.
Zur unterstützenden Behandlung bei den nachfolgenden Erkrankungen finden Sie jeweils spezielle Mengenangaben.

## Die Zubereitung des Lapachoheiltees

Geben Sie die Rinde in kochendes Wasser und lassen Sie diese 5 Minuten mitkochen und anschließend 20 Minuten ziehen, um die optimale Wirkung zu erzielen. Danach seihen Sie das

Getränk ab und füllen es in eine Glas-, Keramik- oder Thermoskanne. Auf keinen Fall dürfen Sie für die Zubereitung und Aufbewahrung Gefäße aus Aluminium verwenden! Auch von emaillierten Töpfen mit eventuell abgesprungenem Email sollten Sie Abstand nehmen. Kochen Sie sich am besten morgens Ihre Tagesration auf einmal, da die Zubereitung etwas langwierig ist. Sie können den Tee in einer Thermoskanne warmhalten oder zu einem späteren Zeitpunkt kalt genießen.
Sollte Ihre Wasserqualität nicht die beste sein (Informationen darüber erhalten Sie beim örtlichen Wasserwerk), so greifen Sie auf Mineralwasser zurück, das auch geeignet ist für die Zubereitung von Babynahrung. Oftmals reicht es jedoch aus, das Leitungswasser mit speziellen Filtern zu reinigen. Von dieser Methode machen immer mehr Familien Gebrauch.
Zur Geschmacksverbesserung können Sie Honig, Sahne oder Zitronensaft zugeben. Auch die Mischung mit allen möglichen Fruchtsäften ergibt ein erfrischendes gesundes Getränk, das besonders Kinder lieben. Voraussetzung ist natürlich auch hier die Qualität der Zusätze: Wenn Sie sich für Zitronensaft zum Lapachotee entscheiden, verwenden Sie bitte frischgepreßten Saft, da die Vitamin-C-Konzentration hierbei am höchsten ist und eine besonders günstige Wirkstoffergänzung darstellt.
Bei der Mischung mit Fruchtsäften sollten Sie Wert darauf legen, daß es sich um 100 Prozent Saft ohne Zuckerzusatz handelt. Vermeiden Sie Fruchtnektare und Fruchtsaftgetränke.

## Honig als ideale Ergänzung

Guter Honig zeichnet sich vor allem dadurch aus, daß er bereits nach kurzer Lagerung zu kristallisieren beginnt. Seine antibakterielle Wirkung ergänzt sich sehr gut mit dem Tee; der griechische Arzt Dioskurides (etwa 100 v. Chr.) z. B. sprach dem Honig schon damals besondere Heilwirkung zu. Honig hat einen sehr günstigen Einfluß auf sämtliche Körperfunktionen, wie Verdauung, Giftausscheidung über den Darm, Verbesserung der

Nierenfunktion und der Sehfähigkeit; seine fiebersenkende Wirkung und die Anregung der Blutbildung ergänzen sich hervorragend mit der Wirkung des Lapachotees. Der griechische Arzt und Philosoph Demokrit aus Abdera, ein Zeitgenosse des Hippokrates, hat in einem Selbstversuch verschiedene Ernährungsformen erprobt; schließlich blieb er überzeugt bei der Honigdiät und soll 109 Jahre alt geworden sein.
Besonders geeignet sind aromatische Honigsorten, wie z. B. Lavendelhonig, Rosenhonig oder auch Waldhonige, die aus sogenanntem Honigtau hergestellt werden. Dieser Honigtau entsteht so: Insekten, wie z. B. Blattläuse, stechen in das saftführende Gewebe der Laub- und Nadelbäume und saugen den Saft heraus. Das, was ihr Verdauungssystem anschließend wieder ausscheidet, ist ebendieser Honigtau, der dann von den Blättern, Nadeln und Ästen tropft. Die Biene sammelt dies in ihrer Honigblase, und wir kommen so in den Genuß des Waldhonigs.
Sie können Ihren Tee auch mit Agavensirup süßen, wobei sich besonders die Saponine aus dem Agavensaft mit denen des Lapachotees verbinden.

## Kalt- oder Warmauszug?

Am Anfang der Lapachoherstellung steht das Bemühen um eine möglichst schonende Trocknung. Übermäßige Hitze wird vermieden, um wichtige Wirkstoffe nicht zu zerstören. Das Kochen des Lapacho löst zwar bedeutend mehr Wirkstoffe aus dem Material, manches wird jedoch auch durch die große Hitze zerstört. Durch den Kaltauszug ist es uns möglich, auch die hitzeempfindlichen Wirkstoffe (sekundäre Pflanzenstoffe, Vitamine, Enzyme etc.) in unseren Tee aufzunehmen. Der Kaltauszug wird der gleichen Menge Warmauszug erst zugegeben, wenn der gekochte Tee auf Trinktemperatur abgekühlt ist; für diesen Zweck muß der Warmauszug etwas kräftiger sein, um später den gewohnt angenehmen Teegeschmack zu erzielen. Nehmen Sie auf 1 Liter Wasser 3 Eßlöffel der Lapachorinde für den Warmauszug und 2 für den Kaltauszug.

# Die bewährtesten Lapacho-zubereitungen

## Lapachokaltauszug

Der Lapachokaltauszug wird aus abgekochtem und auf Raumtemperatur abgekühltem Wasser hergestellt, in dem Sie die Rinde über Nacht ziehen lassen. Geben Sie 2 Eßlöffel Rinde auf $^1/_2$ Liter Wasser. Günstig ist es, wenn Sie beides gemeinsam zuvor im Mixer so weit wie möglich zerkleinern. Der Kaltauszug sollte 10 bis 12 Stunden bei Zimmertemperatur ziehen.

## Lapachowarmauszug – Der Lapachotee

Unter dem Warmauszug versteht man die Teezubereitung. Das heißt, die Rinde wird in kochendes Wasser gegeben und mitgekocht, anschließend lassen Sie den Tee etwa 20 Minuten ziehen. Leider gehen bei der herkömmlichen Teezubereitung sehr viele Wirkstoffe verloren. Vor allem, wenn der Tee zu therapeutischen Zwecken genutzt werden soll, ist es besonders sinnvoll, die Rinde mit dem kochendheißen Wasser im Mixer zu zerkleinern, 15 Minuten ziehen zu lassen und anschließend von den Schwebstoffen zu befreien. Dies funktioniert am besten mit Hilfe eines Kaffeefilters. Diese Form ist besonders zur Desinfektion und Heilung im Mund, Rachenraum und direkt auf Wunden geeignet.

## Essig, Öl- und Alkoholauszüge

### Lapachoölauszug

Der Lapachoölauszug entsteht, indem Sie 5 Eßlöffel Rinde in $^1/_2$ Liter qualitativ möglichst hochwertiges Olivenöl geben. Günstig ist es, wenn Sie beides gemeinsam im Mixer so weit wie möglich zerkleinern.
Die Mischung sollte in einer verschlossenen Glasflasche ca. 3 Wochen bei Raumtemperatur oder etwas darüber stehen, bevor sie angewendet wird (zwischendurch immer wieder einmal durchschütteln). Am Schluß wird der Öl-Tee-Brei durch ein Leintuch oder ähnliches gedrückt, um das Öl von den Rindenbestandteilen zu trennen.

### Lapachoessig

Ein Lapachoessig entsteht, wenn Sie 50 Gramm des Rindentees in $^3/_4$ bis 1 Liter Wein- oder Apfelessig geben. Bei Raumtemperatur lassen Sie den Lapachoessig ca. 3 Wochen reifen. Besonders effektiv erweist es sich, wenn Sie beides zuvor im Mixer so weit wie möglich zerkleinern.
Sie sollten dafür nur hochwertigen Essig aus dem Reformhaus oder dem Naturkostladen verwenden. Ca. 6 Prozent Essigsäure sind erforderlich, um die wichtigen Wirkstoffe herauszulösen; Supermarktapfelessig hingegen besteht zum Beispiel häufig aus Limonadengrundstoff mit Apfelgeschmack und Essigessenz. Er ist von einem naturtrüben Apfelessig kaum zu unterscheiden, wirkt aber keinesfalls gesundheitsförderlich!

## Lapachowein

Die Herstellung erfolgt genauso wie beim Lapachoessig; statt des Essigs verwenden Sie die gleiche Menge Wein. Durch den geringeren Alkoholgehalt des Weines werden die Lapachowirkstoffe schonender behandelt als bei der Schnapsherstellung.

## Lapachoschnaps

Die Herstellung entspricht wiederum der des Lapachoessigs oder des Lapachoweines, jedoch sollten Sie hierfür auf Spirituosen zurückgreifen, deren Alkoholgehalt über 30 Prozent liegt, damit die wichtigen Stoffe herausgelöst werden; nach oben hin sind beim Alkoholgehalt keine Grenzen gesetzt. Klarer, Doppelkorn, Weinbrand, Whisky usw. eignen sich ebenfalls zur Lapachoschnapserzeugung; Sie sollten sich aber lieber reinen, siebzigprozentigen Alkohol aus der Apotheke besorgen. Lapachoschnaps ist nur zur *äußerlichen Anwendung* gedacht!

# Homöopathische Aufbereitung

## Harmonisierung des Immunsystems mit Lapacho

Patienten, deren Juckreiz durch das direkte Betupfen mit Lapachokompressen nur kurzzeitig gelindert wurde – deren Körper also nicht darauf reagierte – berichteten, daß sie durch die Anwendung von Vollbädern, denen sie $^1/_2$ Liter des Tees zugegeben hatten, nach 2 bis 3 Wochen täglicher Anwendung eine deutliche Erleichterung ihrer Beschwerden erfuhren.
Andere, die den Tee nur regelmäßig dem Bad zugegeben hatten, um die entspannende Wirkung zu genießen, wurden erst durch ihre Familienmitglieder daran erinnert, daß eigentlich die Zeit für den jährlichen Heuschnupfen gekommen war.
$^1/_2$ Liter Tee auf ca. 150 Liter Wasser ist schon eine recht hohe, nahezu homöopathische Verdünnung für einen Stoff, den der Körper normalerweise unverdünnt problemlos toleriert.
Diese Beobachtung ließ mich einen Versuch wagen: Ich bat meinen Apotheker, aus dem bereits beschriebenen Alkoholauszug Verdünnungen in den homöopathischen Dezimalpotenzen D 12, D 9, D 6, D 4, D 3, D 2 und D 1 herzustellen. mmer, wenn keine ungünstige Reaktion auf den zuvor beschriebenen Lymphknotentest auftrat, setzte ich die jeweilige Verdünnung dreimal täglich mit 5 Tropfen ein: Am besten ist es, diese Potenzen 30 Minuten vor dem Essen unter die Zunge zu geben (wenn

es einmal 2 oder 3 Tropfen mehr werden, ist dies ohne Bedeutung).
Auf die nächstniedrigere Verdünnungszahl ging ich erst nach 2 bis 3 Wochen und nach dem neutral ausgefallenen Lymphknotentest über. Wenn der Ellenbeugentest zu diesem Zeitpunkt noch keine niedrigere Potenz zuläßt, nehmen Sie die zuletzt günstig vertragene weitere drei Wochen. Ist dann immer noch kein Übergang zur nächstniedrigeren Potenz möglich, sollten Sie einen homöopathischen Behandler zu Rate ziehen.
Der Einsatz des homöopathisch aufbereiteten Alkoholauszuges bewirkt nachweislich eine immunstimulierende Wirkung. Die richtige Verdünnung vorausgesetzt, kommt es dann zu einer Regulierung der immunspezifischen Antwort, also einer Anregung und zugleich Bremsung überschießender Reaktionen.
Wer bei sich eine ungünstige Reaktion auf den unverdünnten Tee beobachtet, hat dennoch nach meiner Erfahrung eine große Chance, die allergische Bereitschaft seines Körpers zu regulieren: Meistens reagieren derartige Menschen auf eine Vielzahl von Stoffen direkt oder verdeckt allergisch; mit gelenktem Abbau der allergischen Reaktion auf den Lapacho verschwinden häufig parallel eine Reihe weiterer allergischer Reaktionen auf andere Stoffe.
Lapacho wirkt vor allem auf unser Immunsystem und auf Belastungen durch Viren, Pilze und Bakterien. Er kann einen Mineral- oder Vitaminmangel ausgleichen und gehört deshalb unbedingt als Glied in eine komplexe Therapiekette.

## Die Praxis der allgemeinen Desensibilisierung

Die Desensibilisierung kommt für Sie in Frage, wenn Sie bereits wissen, daß Sie Allergiker sind oder die Reaktion auf den zuvor genannten Lymphknotentest mit dem Lapachotee positiv war.
Da nur in ganz wenigen Ausnahmen auch noch auf die Dezimalpotenz D 12 allergisch reagiert wird, sollten Sie Ihren Apotheker bitten, noch eine D 20 und D 30 herzustellen, und auf dieser Ebene beginnen.

Die Desensibilisierung mit Lapachotee:
*1. Woche:* D 12
*2. Woche:* D 9
*3. Woche:* D 6
*4. Woche:* D 4
*5. Woche:* D 3
*6. Woche:* D 2
*7. Woche:* D 1

Nehmen Sie täglich dreimal 5 Tropfen vor dem Essen ein. Beim Übergang in die nächste Potenz führen Sie bitte jedesmal den Ellenbeugentest durch.

# Die innerliche Anwendung

Im Mittelpunkt der Lapachotherapie steht, wie bereits mehrfach angesprochen, das Teetrinken. Die bewährteste Einnahmemenge liegt bei etwa 1 Liter, wenn eine medizinische Wirkung erreicht werden soll. Sie sollten sich ein Maß von $^1/_2$ Liter pro Tag als Menge für den Hausgebrauch setzen. Möchten Sie den Tee therapeutisch anwenden, so empfiehlt sich die tägliche Einnahme von 1 Liter – diese Menge sollten Sie jedoch auf keinen Fall überschreiten: Denn viel hilft nicht unbedingt viel. Experten schwören bei stärkeren Erkrankungen auf eine Kur, bei der über 4 bis 6 Wochen täglich 1 Liter Tee getrunken wird und nach einmonatiger Pause das gleiche nochmals wiederholt wird.
Über die Trinktemperatur gibt es ebenfalls unterschiedliche Ansichten, die jedoch im Hinblick auf die Wirkung ohne Bedeutung sind. Ich habe es mir angewöhnt, den Tee unterschiedlich temperiert zu genießen: einmal heiß mit Sahne und Honig oder einfach pur und später am Nachmittag gekühlt und mit Fruchtsäften gemischt. Mir hat jede der Einnahmeformen gutgetan.

## Andere Formen der innerlichen Einnahme

Dazu gehören vor allem die Lapachotabletten, deren Lapacholgehalt oft zu hoch ist. Fragen Sie hierzu Ihren Apotheker.
Interessant ist das Lapachoelixier, das man in der Wirkung mit

dem bereits geschilderten Alkoholauszug vergleichen kann. Wer selbst keine Zeit hat, sich seinen Tee zuzubereiten, kann sich auf diese Weise trotzdem die günstigen Wirkungen der Lapachorinde zunutze machen.

## Gurgeln

Halsschmerzen und Mandelentzündungen haben bei uns nicht nur in der kalten Jahreszeit Saison. Viele leiden unter chronischen Erkrankungen, die mit dem Tee gelindert werden können. Bereits beim ersten Gurgeln mit Lapachotee werden Sie die schmerzstillende Eigenschaft des Getränks bemerken. Bereiten Sie einen Tee nach den Regeln des Warmauszuges zu und lassen Sie ihn abkühlen, bis er körperwarm ist. Gurgeln Sie mit dem Tee bis zu fünfmal täglich, je nachdem, wie stark Ihre Schmerzen sind. Bitte achten Sie darauf, den Tee unbedingt nach dem Gurgeln auszuspucken.

## Mundspülung

Bei Zahnfleischentzündungen und Mundgeruch ist die Mundspülung mit Lapachotee unbedingt zu empfehlen. Er wirkt durch seine antibakteriellen und entzündungshemmenden Eigenschaften vortrefflich gegen solche Beschwerden. Kochen Sie für die Spülung den Tee nach dem herkömmlichen Grundrezept und lassen Sie ihn abkühlen, bis er etwa Körpertemperatur erreicht hat. Besonders geeignet ist hier die Kombination von Kalt- und Warmauszug. Spülen Sie bis zu fünfmal täglich, je nach Bedarf, etwa 3 Minuten mit dem Tee; schlucken Sie den Tee auf keinen Fall hinunter, sondern spucken Sie ihn nach der Anwendung unbedingt wieder aus. Sie werden den Erfolg nach kurzer Zeit bemerken: Die schmerzstillende Wirkung des Tees ist enorm und schon nach den ersten Mundspülungen spürbar.

## Inhalation

Bei verstopfter Nase, Bronchitis und allen anderen Krankheiten der Atemwege ist das Inhalieren mit Lapachotee eine große Hilfe. Dazu benötigen Sie 1 Liter frischgekochten Lapachotee, der nach dem Grundrezept zubereitet wurde; um eine zusätzliche Desinfektion zu erzielen, geben Sie dem Tee ½ halben Teelöffel Salz hinzu. Beugen Sie sich über den Topf mit dem heißen Tee und atmen Sie, gut abgedeckt durch ein großes Handtuch, die Teedämpfe ein paar Minuten intensiv ein. Wenn es Ihnen unangenehm oder zu heiß werden sollte, pausieren Sie einige Sekunden und machen anschließend wieder weiter. Sehr wirksam ist auch die Verwendung von Lapachoessig: Geben Sie dem Inhalationswasser nur so viel Essig zu, daß die Schleimhäute nicht brennen.

## Anwendung der homöopathisch aufbereiteten Rinde

Im Prinzip kann mit den Potenzen aus dem alkoholischen Auszug genauso verfahren werden wie mit dem Tee selbst; die Wirkung des Teetrinkens und der regelmäßigen Einnahme der homöopathisch aufbereiteten Rinde ist ähnlich. Vor allem für Allergiker ist diese homöopathische Aufbereitung eine günstige Lösung.
Bis zu einer Verdünnung von D 9 können Sie statt 1 Liter Tee dreimal täglich 20 Tropfen vor den Mahlzeiten unter die Zunge geben. Bei Verdünnungen unter D 9, also D 6, D 4 etc. nehmen Sie dreimal täglich 10 Tropfen zu sich.

# Abnehmen mit Lapacho?

Natürlich nimmt uns der Tee nicht alles ab, aber er hilft uns fast überall ein wenig. Gerade bei dem Wunsch abzunehmen ist eine Ernährungsumstellung immer notwendig. Vitalstoff- und ballaststoffreiche Kost sind das A und O, um unseren Körper zu entlasten; zusätzlich ausreichende Bewegung an frischer Luft gehört zu den ersten und wichtigsten Schritten in eine schlankere und vor allem gesündere Zukunft. Wie schon angedeutet, wirkt der Lapachotee unterstützend bei dem Wunsch, schlanker zu werden: Er hilft dem Körper, unnötige Schlacken abzubauen und zu entgiften. Er hemmt den Appetit, vor allem nach Süßem, und steigert unser psychisches Wohlbefinden. Man fühlt sich durch den regelmäßigen Genuß des Tees einfach vitaler und lebensfroher, kann aktiver am Leben teilnehmen und erlangt ein völlig neues Selbstbewußtsein. Allein schon durch diese Ausstrahlung werden Sie mit jedem Tag schöner: Wenn Sie sich so im Spiegel sehen, werden Sie immer mehr an Gewicht verlieren, da sich Ihr Hunger vor lauter Freude an Ihrem neu geschenkten Körper bis auf ein normales Niveau senkt. Abnehmen hängt bekannterweise sehr mit der Psyche des jeweiligen Patienten zusammen; zusätzlich sollten Sie also einige Tricks beim Essen beachten, um die Nahrungszufuhr auf ein angemessenes Maß zu reduzieren:

1. Trinken Sie vor jeder Mahlzeit 1 große Tasse warmen bis heißen Lapachotee. Tun Sie dies besonders bewußt und langsam, indem Sie jeden Schluck möglichst lange im Mund behalten. Erstens wird durch die Flüssigkeitszufuhr und die Wirkung des Tees der Hunger gedämpft, und zweitens sensibilisiert die Wärme des Tees die Geschmacksknospen. Dadurch können Geschmackszutaten wie Salz und Zucker eingespart werden, was sich förderlich auf unsere Gesundheit und unser Wunschgewicht auswirkt.
2. Essen Sie langsam und bewußt, da sich das Sättigungsgefühl erst nach ca. einer Viertelstunde einstellt.
3. Essen Sie vor jeder Hauptmahlzeit eine Salatbeilage oder Rohkost; es genügt auch schon ein Apfel oder eine Gelbe Rübe: Beim nachfolgenden, ungesünderen Hauptgang sind Sie so schneller satt.

4. Nehmen Sie lieber fünfmal täglich kleinere Portionen zu sich. So hat der Magen ständig etwas zu tun, und Heißhungerattacken setzen erst gar nicht ein.
5. Trinken Sie über den Tag verteilt mindesten 2 bis 3 Liter Flüssigkeit in Form von Tees, verdünnten Fruchtsäften oder Mineralwasser.
6. Abends vor dem Fernseher sollten Sie statt zu Chips und Schokolade lieber zu Gemüse mit Kräuterdips oder Trockenfrüchten greifen.
7. Schaffen Sie Ihre Süßigkeitsvorräte ab. Wenn solche Dinge nicht im Haus sind, ist das Verlangen danach auch nicht besonders groß.
8. Vermeiden Sie beim Essen die Ablenkung durch Fernseher oder Lektüre. Sie werden sonst unbewußt immer zuviel essen, da Sie das Sättigungsgefühl Ihres Körpers nicht wahrnehmen können.

# Äußerliche Anwendungen

Bei einer Vielzahl von Erkrankungen können Sie die Heilung mit Lapacho auch äußerlich unterstützen, wie z. B. bei Wunden, Entzündungen, Muskelverspannungen. Hier muß allerdings beachtet werden, daß einige wenige Patienten mit überempfindlicher Haut zu Allergien neigen könnten. Wenn Sie Grund zu der Annahme haben, daß Sie zu dieser Personengruppe zählen, tun Sie sich selbst den Gefallen und testen Sie den Tee zuerst; dies geht am schnellsten mit dem sogenannten Lymphknotentest auf Seite 26. Anstelle des Tees können Sie auch zu jedem Bad 100 Milliliter Lapachoessig schütten.

## Lapachovollbad

Bereiten Sie den Tee als Badezusatz nach folgendem Rezept zu: Kochen Sie 1 Liter Wasser auf, geben Sie 1 Eßlöffel Rinde dazu und lassen Sie den Tee ca. 5 Minuten kochen. Anschließend sollte der Sud etwa 15 Minuten weiterziehen. Seihen Sie den Tee ab und geben Sie 100 Milliliter Schlagsahne hinzu, um das Bad hautfreundlicher zu gestalten.
Geben Sie diesen Badezusatz in das etwa 38 °C warme Wasser und baden Sie ca. 20 Minuten. Anschließende Nachruhe ist sehr empfehlenswert.

### Bürstenbad mit Lapachotee

Das Bürstenbad wird bei Nervosität, Unruhe, Durchblutungsstörungen der Haut und Zellulitis angewendet. Es ist nicht geeignet bei Hauterkrankungen und offenen Wunden!
Setzen Sie sich in eine halbvolle Badewanne bei einer Wassertemperatur von etwa 35 °C; dem Wasser haben Sie $^1/_2$ Liter Lapachotee zugegeben. Bürsten Sie zuerst die Beine (herzfern beginnen, Strichrichtung zum Körper hin), dann die Arme, den Rücken und zum Schluß den Bauch und die Brust mit einer Körperbürste aus Kunststoff oder Naturhaaren sorgfältig ab.
Gießen Sie jetzt kaltes Wasser zu und senken Sie die Temperatur auf 31 °C ab. Nun wiederholen Sie die Bürstung wie vorher.
Nach Beendigung des Bades sollten Sie unbedingt für $^1/_2$ Stunde ruhen, am besten im Bett.

## Lapachoteilbäder

### Lapachofußbad

Bei allen möglichen Fußbeschwerden empfiehlt sich ein kaltes Lapachofußbad. Vor allem in der heißen Jahreszeit, wenn Sie viel auf den Beinen waren, ist diese Variante eine willkommene Abkühlung. Dagegen ist in der Winterzeit eher ein ansteigendes, d. h. heißes Fußbad angebracht. Egal, für welche Temperatur Sie sich entscheiden, die Zubereitung bleibt zunächst gleich: Geben Sie auf $^1/_2$ Liter kochendes Wasser 2 Eßlöffel Rinde. Lassen Sie den Sud 5 Minuten kochen und anschließend eine Viertelstunde ziehen und geben Sie den Tee in die Wassermenge für Ihr Fußbad.
Für das heiße Fußbad messen Sie mit Ihrem Handrücken die Temperatur Ihrer Füße und temperieren das Wasser etwa 2 bis 3 °C höher. Wenn die Haut die Temperatur angenommen hat, geben Sie nochmals warmes Wasser zu, bis es sich um 2 °C erhöht hat. Sind 39 bis 40 °C erreicht, lassen Sie Ihre Füße noch

etwa 5 Minuten im warmen Wasser. Wohltuend ist ein abschließender kalter Abguß mit dem Badewannenschlauch oder einer Gießkanne, damit sich die erweiterten Gefäße wieder zusammenziehen können. Bei Neigung zu Krampfadern sollte bei warmen Fußbädern Vorsicht geboten sein.

## Lapachositzbad

Lapachositzbäder eignen sich vor allem für die Bekämpfung von Pilzerkrankungen, Infektionen im Bereich des Unterleibs und bei Hämorrhoiden. Am besten ist für dieses Teilbad eine Sitzbadewanne geeignet, aber es ist auch möglich, in die Badewanne einfach weniger Wasser einzulassen; natürlich ist der Wasserverbrauch in der normalen Wanne größer. Bereiten Sie den Tee im gleichen Verhältnis zu, wie es beim Vollbad beschrieben wurde, lassen Sie jedoch die Sahne weg. Geben Sie den Sud in das warme Badewasser und bleiben Sie ungefähr 10 Minuten in der Wanne.

## Rumpfreibebad mit Lapachotee

Das Rumpfreibebad mit Lapacho ist ein ideales Mittel zur Organkräftigung, Abhärtung und Stimulation sämtlicher Lebenskräfte. Es ist dem Bürstenbad verwandt und unterscheidet sich vor allem durch die niedrigere Wassertemperatur von 12 bis 14 °C von ihm.
Am besten eignet sich eine große Schüssel oder eine Sitzbadewanne, damit wirklich nur der Unterleib mit dem Wasser in Berührung kommt. Wenn Sie beides nicht besitzen, können Sie auch die Badewanne benutzen, die Sie allerdings nur bis etwa zur Hälfte mit Wasser füllen. Setzen Sie sich in die Wanne und lassen Sie die Beine über den Wannenrand hinaushängen.
Achten Sie darauf, daß Oberkörper, Arme, Beine und Füße warm sind, der Raum muß gut geheizt sein. Wickeln Sie eine Decke um die Beine und halten Sie den Oberkörper mit einem langärmeligen Pullover warm.

Durch die Zugabe von $^1/_2$ bis 1 Liter Tee – je nach Größe des Badegefäßes – erreichen Sie eine deutliche Wirkungsverstärkung.
Fangen Sie mit wenigen Minuten an und steigern Sie langsam auf bis zu 15 Minuten. Verwenden Sie statt einer Bürste möglichst ein grobes, zusammengelegtes Gerstenkorn- oder Jutehandtuch. Damit reiben Sie den gesamten Unterleib und die Hüfte ab. Das Bad wird so lange fortgesetzt, bis eine völlige Abkühlung erreicht ist.

## Wassertreten in der Wanne

Wassertreten in der Wanne hat sich bei Durchblutungsstörungen in den Beinen und im Kopf, Bindegewebsschwäche, Infektionsanfälligkeit, Venenleiden, Bluthochdruck, Herzschwäche, Störung der Wärmeregulation und Einschlafstörungen bewährt.
Nicht alle Orte verfügen über eine Kneippanlage und damit über ein Tretbecken. Aber fast in jeder Wohnung ist ein Badezimmer mit einer Bade- oder Duschwanne vorhanden.
Lassen Sie in die Badewanne kaltes Wasser bis zur Mitte der Wade einlaufen, in die Duschwanne so hoch wie möglich. Die Raumtemperatur soll zwischen 22 und 25 °C liegen, damit der Wechsel zwischen dem kalten Wasser und der warmen Raumluft eine echte Gefäßgymnastik zuläßt. Spielen Sie »Storch« und ziehen Sie bei jedem Schritt die Beine so hoch wie möglich aus dem Wasser.
Um die Wirkung zu verstärken, geben Sie 500 Gramm Salz und $^1/_2$ Liter Tee zu (bei Benutzung einer Duschwanne nur jeweils die halbe Menge). Dieses Wasser können mehrere Familienmitglieder bis zu dreimal am Tag benutzen.
Das Wassertreten ist beendet, wenn entweder ein Kälteschmerz oder ein Wärmegefühl auftritt. Halten Sie sich beim Wassertreten gut fest und verwenden Sie möglichst eine rutschfeste Einlage, damit es nicht zu einem Sturz kommt.

**Vorsicht:** Wassertreten ist bei Blasen- und Nierenleiden verboten!

## Lapachokompressen

Wenn Sie Teebeutel zur Zubereitung bevorzugen, halten Sie die einfachste Form der Kompresse bereits in der Hand. Mit einem Teebeutel können Sie Wunden oder entzündete Stellen direkt betupfen, und zwar in kaltem oder warmem Zustand. Kochen Sie Ihren Tee mit der losen Rinde und bereiten Sie ihn nach dem Grundrezept zu. Tauchen Sie eine sterile Kompresse oder ein gebügeltes Baumwollgeschirrtuch ein und drücken Sie es so weit aus, daß es gerade nicht mehr tropft. Legen Sie das Tuch auf die betroffenen Haut- bzw. Gelenkstellen. Die Kompresse sollte etwa $^1/_2$ Stunde einwirken. Zur Abschwellung von Insektenstichen, Prellungen oder Zerrungen empfiehlt es sich, das gut ausgewrungene Geschirrtuch für einige Minuten ins Eisfach oder in die Gefriertruhe zu legen. Kühlen Sie damit nur, solange es angenehm ist, um eine Unterkühlung zu vermeiden. Diese Art der Anwendung sollte gut- und auf keinen Fall wehtun.

## Lapachoumschläge

Bei Umschlägen verfahren Sie genauso, wie es unter den Kompressen beschrieben wurde. Zusätzlich sollten Sie die Tücher durch ein zweites Tuch oder einen Verband fixieren. Gegebenenfalls können Sie auch eine Wolldecke darüberlegen.

## Körperbürstung

Die Körperbürstung ist die mildeste trockene Anwendung – sie macht wieder wach und frisch. Sie führt zur Anregung des Immunsystems und zur Hautreinigung durch Abschälung abge-

storbener Hautzellen, ist durchblutungsfördernd, regt den Hautstoffwechsel an, beugt Zellulitis vor und verbessert die Wirkstoffaufnahme durch die Haut für die anschließende Lapachowaschung oder das Lapachobad.
Die Körperbürstung wird mit Hilfe eines rauhen Kunstfaserhandschuhs oder eines Gerstenkornhandtuchs, die sich durch Waschen leicht reinigen lassen, ausgeführt. Beginnen Sie am rechten Bein, dann folgen linkes Bein, rechter Arm, linker Arm, Bauch, Rücken und Brust; dabei sollten Sie immer zum Herzen hin streichen und danach den Körper mit Lapachotee und einem Waschlappen gründlich waschen. Anschließend können Sie eine Lotion Ihrer Wahl, eventuell mit Lapachoelixier angereichert, auf den Körper auftragen.

## Weitere Anwendungen mit Wasser

Bei allen Anwendungen mit kaltem Wasser muß immer darauf geachtet werden, daß der Körper, insbesondere Ihre Füße, warm sind, denn eine der wichtigsten Regeln Kneipps heißt: Nie kalt auf kalt!
Sollten Sie also ausgekühlt sein oder kalte Füße haben, dann machen Sie vor der Anwendung ein warmes Fußbad (35 bis 38 °C) oder setzen Sie sich in ein warmes Teil- oder Vollbad, je nach Gesundheitszustand und Wohlbefinden.

### Abreibung

Die Abreibung ist die mildeste Anwendung von kaltem Wasser. Sie wird nur bei bettlägerigen und kreislaufinstabilen Patienten durchgeführt.
In einen Eimer mit 2 Litern kaltem Wasser geben Sie $^{1}/_{2}$ Liter Lapachotee; mit Eiswürfeln können Sie nötigenfalls die Temperatur zusätzlich senken. Tränken Sie nun ein rauhes Handtuch mit dem Wasser und wringen Sie es so weit aus, daß es gerade nicht mehr tropft.

Das nasse Tuch wird auf den von der Erkrankung betroffenen Körperteil gelegt bzw. um Arme und Beine gewickelt. Sie und Ihr Partner halten je ein Ende des Handtuchs fest. Reiben Sie jetzt so lange schnell und mit Druck mit der flachen Hand über das nasse Handtuch, bis Sie es als warm empfinden. Dann nehmen Sie das nasse Tuch ab und wiederholen dasselbe mit einem trockenen Tuch.
Durch das trockene Tuch wird der Körper natürlich nicht gefordert, sich selbst wieder aufzuwärmen. Eine Steigerungsmöglichkeit ist folglich das Weglassen der zweiten Anwendung, um vom Körper die Selbsterwärmung, unterstützt durch Bewegung im Bett oder festes Zudecken, zu fordern.
Nachfolgend finden Sie eine kurze Aufstellung, wo die Abreibung bei welchen Krankheiten am wirkungsvollsten ist:

| | |
|---|---|
| *Bronchitis* | über dem Brustbein |
| *Lungenentzündung, Blasenentzündung* | auf dem Rücken |
| *Rippenfellentzündung* | auf dem seitlichen Brustkorb |
| *Bettlägerigkeit* | an den Armen und Beinen |

## Abwaschung

Die Abwaschung ist ein mildes Regulationstraining zu Abhärtung, Durchblutungsförderung, Hautstoffwechselanregung und Immunstimulation. Sie ist besonders geeignet bei Kreislaufstörungen und Atemwegsinfekten.
In einen Eimer mit 2 Litern kaltem Wasser geben Sie $^1/_2$ Liter Lapachotee; mit Eiswürfeln können Sie nötigenfalls die Temperatur zusätzlich senken.
Tauchen Sie jetzt zwei Handtücher in das kalte Wasser, nehmen Sie ein Handtuch heraus und wringen Sie es leicht aus. Beginnen Sie mit der Abwaschung am rechten Bein, dann folgen linkes Bein, rechter Arm, linker Arm, Bauch, Rücken und Brust.

Nach jedem Körperteil wird das Handtuch gewechselt. Ein Handtuch bleibt immer im Wasser, damit es auskühlen kann. So wird der ganze Körper abgewaschen.

## Wickel, Packungen und Auflagen mit Lapacho

Lapachowickel sind eine Hilfe bei örtlichen Durchblutungsstörungen, Entzündungen und Fieber. Im Brustraum wirken sie zudem schleimlösend und hustenlindernd, im Bauchraum regen Sie die Funktion der Verdauungsdrüsen an und harmonisieren so die Verdauungsvorgänge.

### Vorbereitung und Anlegen eines Wickels

Für einen Wickel benötigen Sie eine Decke als Unterlage und ein dünnes sowie ein dickeres Handtuch. Legen Sie die Tücher vorher probeweise bei Ihnen an, um die richtige Größe auszuwählen.

Ein fast schon zu kleines und daher eng anliegendes Kleidungsstück, z. B. ein Unterhemd, T-Shirt, ein einzelner Ärmel oder Hosenbein, sind ideal für den direkt am Körper anliegenden Feuchtteil. Diese Kleidungsstücke sollten jedoch nur aus ungefärbter Baumwolle oder Leinen bestehen und bereits häufig gewaschen sein, damit keinerlei chemische Restsubstanzen, die sich oft noch in der Kleidung finden, an Ihre Haut gelangen. Sie sollten daher auch nicht mit Weichspüler oder mit einem Waschmittel mit Weichspüleffekt behandelt worden sein.

Bei wärmestauenden Anwendungen brauchen Sie noch eine weitere Decke oder ein Deckbett zum Zudecken.

Zuunterst legen Sie die Decke, darauf ein trockenes Tuch. Für die innerste Lage tauchen Sie das dünne Tuch oder das Kleidungsstück in verdünntes Lapachowasser (1 Teil Lapachotee auf 2 Teile Wasser) und wringen es gut aus. Legen Sie es fal-

tenfrei auf die vorbereiteten Tücher und wickeln Sie es möglichst fest, aber nicht einschnürend, um die zu behandelnde Körperpartie. Wenn Sie ein Kleidungsstück verwenden, dann ziehen Sie es an, nachdem Sie es gut ausgewrungen haben, und wickeln die zwei weiteren Tücher anschließend über das nasse Kleidungsstück.
Allgemein ist zu beachten, daß Wickel faltenfrei und ohne Luftzwischenraum angelegt werden und nicht verrutschen sollten. Wärmestauende und schweißtreibende Wickel müssen zusätzlich mit einer Decke in ihrer Wirkung unterstützt werden.

Für alle Wickel wird eine Mischung aus $^1/_3$ Lapachotee und $^2/_3$ Wasser verwendet.

## Halswickel mit Zwiebeln

Dieser Wickel ist bei allen Hals- und Rachenentzündungen eine gute Heilungsunterstützung.
Zwiebeln werden im Mixer zu einem Brei zerkleinert. Geben Sie so viel Tee zu, daß der Brei ausreichend fest bleibt, um ihn auf ein Tuch streichen zu können; gegebenenfalls können Sie den Brei auch mit Kartoffelstärke andicken. Der Brei wird auf ein Tuch gegeben, das mit einem darübergelegten Schal um den Hals gewickelt wird. Ist der Brei trocken, sollte der Wickel abgenommen werden.
Bis zu 3 Anwendungen pro Tag sind möglich. Waschen Sie den Hals nach jeder Anwendung gründlich mit klarem Wasser ab, um eine Hautreizung zu vermeiden.

## Armwickel

Der Armwickel schließt möglichst die ganze Hand mit ein und reicht hinauf bis zur Achselhöhle. Auch hier gilt das Mischungsverhältnis 1 Teil Tee auf 2 Teile Wasser.

In der anschließenden Tabelle finden Sie die Anwendungen noch einmal im Überblick. Je nach Erkrankung sollten Sie den entsprechenden Armwickel einsetzen:

| | |
|---|---|
| *Kopfschmerzen* | wärmeentziehend, beide Arme |
| *akute Sehnenscheidenentzündung* | wärmeentziehend |
| *chronische Sehnenscheidenentzündung* | wärmestauend warm |
| *schlaffe Lähmungen* | wärmestauend kalt |
| *spastische Lähmungen* | wärmestauend warm |

Darüber hinaus sollten Sie folgende Hinweise befolgen:

- Ein wärmestauender Wickel wird mit einer möglichst warmen Tee-Wasser-Mischung getränkt und so weit ausgewrungen, daß er nicht mehr tropft und die übrigen Wickeltücher nicht mehr durchfeuchtet.
- Ein wärmeentziehender Wickel hat Raumtemperatur.
- Das Wasser für einen kalten Wickel wird mit Eiswürfeln gekühlt.

## Brustwickel

Der Brustwickel reicht bis zur untersten Rippe und sollte die Schultern bis zum Hals gänzlich mit einbeziehen. Wie im Abschnitt »Vorbereitung und Anlegen eines Wickels« (Seite 50) erwähnt, können Sie statt einem Tuch auch ein abgeschnittenes Unterhemd oder ein dünnes T-Shirt als Feuchtteil benutzen.
Bei folgenden Erkrankungen verschaffen die unterschiedlichen Anwendungsformen der Brustwickel Linderung:

| | |
|---|---|
| *Asthma bronchiale (im anfallsfreien Stadium)* | wärmestauend warm |
| *akute Bronchitis* | wärmeentziehend |
| *chronische Bronchitis* | wärmestauend warm |
| *Keuchhusten* | wärmestauend kalt oder warm |
| *akute Rippenfellentzündung* | wärmeentziehend |
| *chronische Rippenfellentzündung* | wärmestauend warm |
| *akute Lungenentzündung* | wärmeentziehend |
| *chronische Lungenentzündung* | wärmestauend kalt |
| *akute Herzentzündung* | wärmeentziehend |
| *chronische Herzentzündung* | wärmeentziehend (ca. 25 °C) |
| *akute und chronische Luftröhrenentzündung* | siehe Bronchitis |

## Rumpfwickel

Dieser Wickel beginnt unter der Achselhöhle und reicht etwa $^1/_2$ bis 1 Handbreit unter den Bauchnabel, er ist also eine Kombination aus Brustwickel und kleinem Lendenwickel. Der Rumpfwickel wird nur bei stark fiebernden Patienten als wärmeentziehende Anwendung eingesetzt.

## Kleiner Lendenwickel

Der kleine Lendenwickel wird vom unteren Brustkorbrand etwa $^1/_2$ bis 1 Handbreit unter dem Bauchnabel angelegt, damit die Blasenregion nicht mit in die Behandlung einbezogen wird.
Bei folgenden Erkrankungen verschafft der Wickel Linderung:

| | |
|---|---|
| *akute Leberentzündung* | wärmeentziehend |
| *chronische Leberentzündung* | wärmestauend warm oder kalt |
| *akute Nierenentzündung* | wärmeentziehend |
| *chronische Nierenentzündung* | wärmestauend warm oder kalt |
| *Magenkoliken* | wärmestauend warm |

## Großer Lendenwickel

Der große Lendenwickel hat sein oberes Ende, wie der kleine Lendenwickel, am unteren Brustkorbrand und schließt am oberen Drittel des Oberschenkels ab, so daß der ganze Bauch- und Unterleibsbereich therapiert werden kann. Bei diesem Wickel ist es ganz besonders wichtig, daß Sie keine kalten Füße haben (Wärmflasche benutzen!).
Bei folgenden Erkrankungen verschafft der Wickel Linderung:

| | |
|---|---|
| *Magen- und Darmkoliken* | wärmestauend warm |
| *Blähbauch* | wärmestauend warm oder kalt |
| *akute Blasenentzündung* | wärmestauend kalt |
| *chronische Blasenentzündung* | wärmestauend warm |
| *akute Harnwegs- und Harnleiterentzündungen* | wärmestauend kalt |
| *chronische Harnwegs- und Harnleiterentzündungen* | wärmestauend warm |
| *Unterleibskrämpfe* | wärmestauend warm |
| *akute Unterleibsentzündungen* | wärmeentziehend, kalt |
| *chronische Unterleibsentzündungen* | wärmestauend warm oder kalt |

## T-Wickel

Ein weiterer kalter Wickel ist der sogenannte »T-Wickel«. Er ist vor allem bei Kindern angezeigt, die zu Blasen- und Nierenbeckenentzündungen neigen.
Bereiten Sie einen normalen Lendenwickel vor und legen Sie zusätzlich ein leichtes Baumwolltuch im Winkel von 90 Grad auf den Wickel. Führen Sie den Wickel von der Lendenwirbelsäule zwischen den Beinen durch nach vorn bis zum Bauchnabel und schließen Sie ihn, wie beim Brustwickel geschildert. Die innerste Lage und das zusätzliche Tuch sind normalerweise nur naß und ohne Zusätze; je nach Krankheiten im Genitalbereich können aber auch ärztlich verordnete Zusätze zur Anwendung kommen. Sehr wirkungsvoll ist Kamillentee, wenn zum Beispiel ein Windelekzem vorliegt. Der T-Wickel kräftigt die Unterleibsorgane, regt die Immunabwehr an und hat sich bei Frauen sogar unterstützend bei Kinderwunsch bewährt.

## Beinwickel

Dieser Wickel reicht vom oberen Drittel des Oberschenkels bis zu den Fußknöcheln. Behandeln Sie immer nur ein Bein, damit der Körper nicht überfordert wird.
Bei folgenden Erkrankungen verschafft der Wickel Linderung:

| | |
|---|---|
| *akute Venen- und Lymphentzündungen* | wärmeentziehend |
| *chronische Venen- und Lymphentzündungen* | wärmestauend kalt |
| *Venen- und Lymphstauungen* | wärmestauend kalt |
| *Zellulitis* | wärmestauend kalt |
| *Muskel- und Gelenkrheuma* | wärmestauend<br>warm oder kalt |
| *hohes Fieber* | wärmeentziehend |

| | |
|---|---|
| *Durchblutungsstörungen innerer Organe und Kopfschmerzen* | wärmeentziehend |
| *schlaffe Lähmungen* | wärmestauend kalt |
| *spastische Lähmungen* | wärmestauend warm |

## Wadenwickel

Wie der Name schon sagt, wird beim Wadenwickel die gesamte Wade behandelt. Wadenwickel sind die einzigen Wickel, die an beiden Beinen gleichzeitig durchgeführt werden können – im Gegensatz zum Arm- und Beinwickel, die immer nur an einer Extremität angewendet werden.
Voraussetzung ist jedoch, daß die Waden warm sind. Dies ist selbst bei fiebernden Kindern nicht immer der Fall! Nehmen Sie, ebenso wie bei den anderen Wickeln, ein dünnes inneres Tuch, das Sie so weit mit Tee (Mischungsverhältnis 2 Teile Wasser und 1 Teil Lapacho) anfeuchten, daß es gerade nicht tropft. Wickeln Sie es möglichst faltenfrei um die Waden.
Da es sich hier um einen wärmeentziehenden Wickel handelt, ist weiteres Abdecken nicht unbedingt erforderlich. Ein zusätzliches Tuch schützt lediglich das Bett vor der Feuchtigkeit.
Die Temperatur des Wassers sollte ca. 10 °C unter der Körpertemperatur liegen – Hauptsache ist jedoch, daß Sie bzw. Ihr Kind sich dabei wohl fühlen. Bei größeren Kindern können Sie auch einfach einen angefeuchteten Kniestrumpf verwenden. Aber Vorsicht: Der Strumpf darf das Bein nicht unterhalb des Knies abdrücken!
Sobald der feuchte Umschlag durch die Körperwärme angewärmt wurde, wird er wieder in das kühle Wasser getaucht. Dies wiederholen Sie nur so lange, bis die Körpertemperatur erträglicher empfunden wird oder die Wade nicht mehr in der Lage ist, den Wickel innerhalb von 5 Minuten leicht zu erwärmen.

Denken Sie immer daran: Je höher die Körpertemperatur ist, desto schwerer haben es die Krankheitserreger. Leider nimmt das Abwehrsystem keine Rücksicht auf Herz und Kreislauf, deshalb müssen wir diese so entlasten.
Die verwendeten Innentücher sollten Sie nach jedem Wickelgang gut auswaschen, denn in ihnen befinden sich über die Haut ausgeschiedene Giftstoffe.
Mit dieser Anwendung können Sie, ebenso wie mit dem Einlauf, eine Temperatursenkung von etwa 1 °C erreichen.
Sinkt das Fieber bis 1/2 Stunde nach Abschluß der Wickelbehandlung nicht, so muß ärztlicher Rat eingeholt werden. Die Behandlung kann nötigenfalls über mehrere Stunden bis zum Eintreffen des Arztes durchgeführt werden.
Bei folgenden Erkrankungen verschaffen diese Wickel Linderung:

| | |
|---|---|
| *Fieber* | wärmeentziehend |
| *akute Venen- und Lymphentzündungen* | wärmeentziehend |
| *chronische Venen- und Lymphentzündungen* | wärmeentziehend<br>kalt |
| *Durchblutungsstörungen und Kopfschmerzen* | wärmeentziehend |
| *Schlaflosigkeit* | wärmeentziehend |

## Gelenkwickel

Mit dem Gelenkwickel wird nur das betroffene Gelenk behandelt; er wird bei Gelenkrheuma angewandt. Im akuten Schub wird der Wickel wärmeentziehend, sonst wärmestauend warm oder kalt, eingesetzt.

## Ganzkörperwickel (Spanischer Mantel)

Der Ganzkörperwickel wird in den Frühstadien akuter Infekte, zur Desensibilisierung bei Allergikern, bei Rheumatikern und zur Aktivierung alter Infektionskrankheiten angewandt.
Der sogenannte Spanische Mantel ist der einzige in diesem Buch beschriebene schweißtreibende Wickel, er wird kalt und nur bei schwachen Patienten warm angelegt.
Vor dem Anlegen des »Mantels« müssen Sie unbedingt erst einmal warm baden (10 bis 20 Minuten bei 35 bis 38 °C). Geben Sie dem Badewasser einen $^1/_2$ Liter Lapachotee zu.
Anschließend sollten Sie sich ganz in ein naßkaltes Tuch einwickeln und gut zudecken. Sie können auch naßkalte enge lange Unterhosen und ein langärmeliges Unterhemd anziehen. Nun sollten Sie ca. 1 $^1/_2$ bis 2 Stunden in dem Wickel ruhen.
Dieser Wickel ist nur für kreislaufstabile Patienten ohne Platzangst geeignet.

## Fußpackung

Nehmen Sie für die Fußpackung am besten baumwollene, mit unverdünntem Lapachotee getränkte Socken, die Sie gut auswringen und dann anziehen; darüber ziehen Sie noch 1 oder 2 weitere Paar Wollstrümpfe. Fußpackungen legen Sie am besten während der Nacht an – wenn sie nicht vorher lästig werden, bleiben sie bis zum nächsten Morgen an den Füßen.
Fußpackungen wirken über die Fußreflexzonen auf den ganzen Körper. Auch für die Augen können sie eine Hilfe sein.

## Warme Auflage

Die warme Auflage eignet sich sehr gut für Schmerzen im Rückenbereich.
Für die warme Auflage tauchen Sie ein Handtuch in warmen unverdünnten Lapachotee und wringen es gut aus. Legen Sie das Handtuch nun auf die schmerzende Stelle. Über das Tuch

legen Sie eine Wärmflasche; benutzen Sie kein Heizkissen, da die Gefahr eines elektrischen Schlages besteht! Decken Sie sich anschließend gut zu.
Feuchte Wärme ist die beste Form der Wärme. Wenn die Wärme nachläßt, folgt die Abwaschung mit einem kalten Waschlappen und vorsichtiges Bewegen.

Warme Wickel und Kompressen sollten nur nach Rücksprache mit dem Arzt angelegt werden, da die wenigsten medizinischen Laien in der Lage sind, unklare Schmerzzustände eindeutig zu diagnostizieren.

## Lapachosalbe

Am einfachsten ist es, eine gut verträgliche und bereits ausprobierte Basiscreme mit Lapachoelixier anzureichern. Geben Sie dazu auf 1 Teelöffel Salbe etwa 2 Tropfen des Elixiers oder des Alkoholauszugs. Um eigene Cremes herzustellen, beachten Sie bitte das Kapitel »Schönheit aus dem Regenwald« (Seite 98 ff.).

## Reflexzonenmassage mit Lapachoölauszügen

Der Haut-Eingeweide-Reflex (viszerokutaner Reflex) wird in der Reflexzonenmassage und Akupunktur ausgenutzt, um die Funktion unserer inneren Organe, der Wirbelsäule und der Gelenke anzuregen. Er basiert darauf, daß, bedingt durch die Entwicklung des Menschen aus drei Keimblättern, nervliche Verbindungen zwischen der Haut, der Muskulatur und den inneren Organen bestehen. So führt jeglicher Reiz auf Haut oder Muskulatur zu einer Stoffwechselanregung in dem mit dem entsprechenden Haut- oder Muskelareal verbundenen Organ. Das »Gewußt wo« war lange Zeit ein Geheimnis der großen Medizinmänner. Heute verraten uns Tabellen und Skizzen die inzwischen wissenschaftlich überprüften Beziehungspunkte und -zonen.

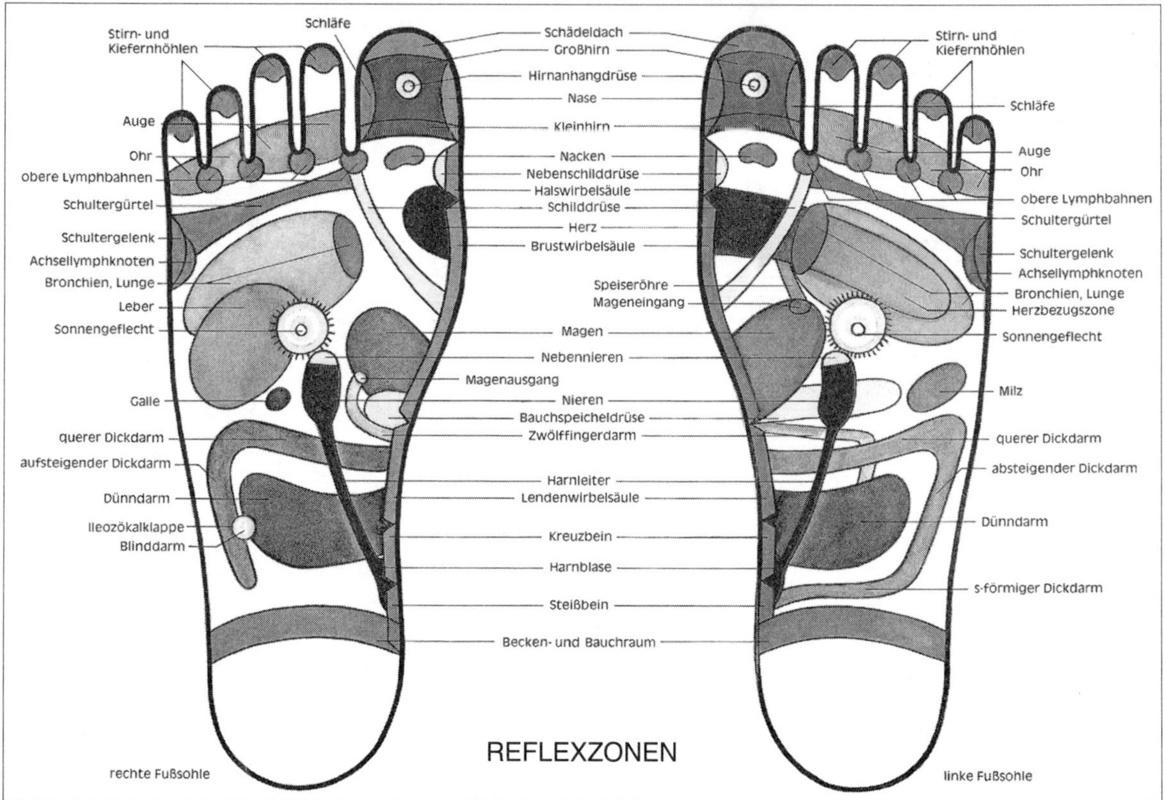

Stirn- und Kieferhöhlen
Schläfe
Auge
Ohr
obere Lymphbahnen
Schultergürtel
Schultergelenk
Achsellymphknoten
Bronchien, Lunge
Leber
Sonnengeflecht
Galle
querer Dickdarm
aufsteigender Dickdarm
Dünndarm
Ileozökalklappe
Blinddarm
Schädeldach
Großhirn
Hirnanhangdrüse
Nase
Kleinhirn
Nacken
Nebenschilddrüse
Halswirbelsäule
Schilddrüse
Herz
Brustwirbelsäule
Speiseröhre
Mageneingang
Magen
Nebennieren
Magenausgang
Nieren
Bauchspeicheldrüse
Zwölffingerdarm
Harnleiter
Lendenwirbelsäule
Kreuzbein
Harnblase
Steißbein
Becken- und Bauchraum
Stirn- und Kieferhöhlen
Schläfe
Auge
Ohr
obere Lymphbahnen
Schultergürtel
Schultergelenk
Achsellymphknoten
Bronchien, Lunge
Herzbezugszone
Sonnengeflecht
Milz
querer Dickdarm
absteigender Dickdarm
Dünndarm
s-förmiger Dickdarm
REFLEXZONEN
rechte Fußsohle
linke Fußsohle

Der Lapachoölauszug kennzeichnet sich dadurch, daß jener Reflex besonders lange nach der Einreibung an der entsprechenden Stelle und damit auch im jeweiligen Organ wirkt. Das Lapachol spielt dabei eine entscheidende Rolle.
Die Intensität des Drückens in den Muskel, des Reibens oder Kneifens der Haut wird immer vom jeweiligen Empfinden des Behandelten abhängig gemacht. Den Begriff »angenehmer Schmerz« versteht jeder, der einmal auf diese Weise behandelt wurde.

# Die Anwendung des Lapacho in der Praxis

## Medizinische Anwendungen von A bis Z

### Abwehrschwäche

Gehören Sie auch zu der Gruppe von Menschen, die bei der geringsten Kleinigkeit sofort unter Schnupfen, Grippe oder Darminfektionen leiden? Dann sollte Ihnen klar sein, daß es höchste Zeit wird, etwas für Ihr angegriffenes Immunsystem zu tun. Meist stecken hinter einer Abwehrschwäche mehrere Ursachen; am häufigsten handelt es sich hierbei um eine ungesunde Lebensweise, Streß und psychische Probleme.
Lapacho kann in vielerlei Hinsicht helfen: Zum einen wirkt er immunstimulierend und zum anderen pilz- und virenabtötend.
Trinken Sie daher, vor allem in den erkältungsgefährdeten Jahreszeiten, über den Tag verteilt $^1/_2$ bis 1 Liter Lapachotee.

### Abszesse

Hierbei handelt es sich um eitrige Hautentzündungen, bei denen es zu Eiteransammlungen, schmerzhaften Verdickungen und Rötungen im Bereich der betroffenen Hautpartien kommt. Beson-

ders bei Übergewichtigen und an Diabetes erkrankten Personen steigt das Risiko, an Abszessen zu erkranken.
Kleinere Abszesse können durch die desinfizierenden, antbakteriellen und entzündungwidrigen Eigenschaften des Lapacho wirksam bekämpft und schnell zum Abheilen gebracht werden.

- Trinken Sie täglich zur Stärkung Ihrer körpereigenen Abwehrkräfte 1 Liter Lapachotee.
- Nehmen Sie etwa 1 Woche lang täglich ein angenehmes Lapachobad, dessen Dauer ungefähr 20 Minuten betragen sollte. Betupfen Sie die erkrankten Stellen mit Lapachokompressen oder feuchten Teebeuteln.
- Geben Sie eine Heilerde-Lapacho-Packung auf die betroffenen Hautpartien. Mischen Sie dazu die Heilerde mit dem Tee nach Packungsanweisung. Sie ersetzen dabei nur das angegebene Wasser durch den heilenden Lapachotee. Tragen Sie die Packung auf und lassen Sie sie etwa eine Viertelstunde einwirken. Danach waschen Sie die Packung mit viel lauwarmem Wasser wieder ab.
- Reichern Sie darüber hinaus Ihren Speiseplan mit viel frischer Rohkost an und vermeiden Sie Alkohol, Kaffee und Nikotin. Trinken Sie ausreichend Mineralwasser oder Kräutertee, um den Körper regelmäßig zu entgiften. Frische Luft und Sonnenbäder in Maßen stärken die angegriffene Haut.

## Aids

Meiner Meinung nach ist es übertrieben, den Tee als Wundermittel, das jede noch so schwere Krankheit heilen kann, zu bezeichnen: Es ist immer wieder zu betonen, daß vor allem schwere Erkrankungen in die Hände von fachkundigen Ärzten gehören. Dennoch machen gerade die abwehrstärkenden Eigenschaften bei der ergänzenden Aidstherapie mit Lapacho einen Sinn, da es sich bei Aids um eine Immunschwächeerkrankung handelt. Die unterstützende Behandlung mit Lapacho stärkt das

Immunsystem im Ganzen, und die bei HIV so häufig vorkommenden Begleiterscheinungen – zum Beispiel in Form von Pilzerkrankungen – werden durch die Inhaltsstoffe des Lapacho wirksam bekämpft. Der Körper wird insgesamt gekräftigt und kann dadurch auch die Nebenwirkungen, die aufgrund der erforderlichen Therapiemaßnahmen auftreten, besser verkraften. Nachrichten über spektakuläre Heilerfolge, die uns aus aller Welt erreichen, sind zwar mit Vorsicht zu genießen, deuten jedoch darauf hin, daß uns die Natur mit Lapacho ein wirklich außergewöhnliches Mittel geschenkt hat – ich bin mir sicher, daß die laufenden Forschungen noch viele interessante Ergebnisse zutage fördern werden.

## Akne

Akne tritt meist vor, während oder kurz nach der Pubertät auf. Sie entsteht durch eine hormonell bedingte Überproduktion der Talgdrüsen, die verstopfen und sich dabei entzünden. Doch dies ist nur das äußere, also sichtbare, Zeichen. Unter Einfluß der verstärkt gebildeten Hormone versucht der Körper, einen Reinigungsprozeß einzuleiten. Eine örtliche Behandlung kann zwar einen kurzfristigen Erfolg mit sich bringen, aber dennoch sollte das gesamtkörperliche Milieu betrachtet werden. Eine Entgiftung und Sanierung des Darms behebt meist die ursächlichen Auslöser. Anschließend sollte unbedingt auf eine vitalstoffreiche Kost umgestellt werden. Häufig sind auch allergische Komponenten und seelische Ursachen an der Akne beteiligt; von ganz entscheidender Bedeutung ist die Zufuhr des Spurenelementes Zink, das als Bestandteil und Aktivator einer Reihe von Regelstoffen den Eiweiß- und Kohlehydratstoffwechsel beeinflußt.
Lapacho wirkt durch die enthaltene Gerbsäure antibakteriell und ist sehr sanft zur Haut. Drücken Sie auf keinen Fall die Pickel, die Sie bekämpfen wollen, aus. Es könnten unschöne Narben zurückbleiben.

*Lapacho (Tabebuia impetiginosa)*

*Lapacho-Baum (Tabebuia impetiginosa)*

*Peru, Cuzco: Ruinen von Machu Picchu und der Berg Huayna Picchu*

*Pockenkranker Indio (undatiertes Aquarell). Aus: Martinez Companon, Trujillo del Peru. Madrid, Biblioteca del Palacio Real*

*Brasilien. Luftaufnahme vom Regenwald und Amazonas*

*Lapacho-Blüte (Tabebuia impetiginosa)*

- Trinken Sie über einen längeren Zeitraum hinweg täglich 1 Liter Lapachotee zwischen den Mahlzeiten, um den Körper von Schlackenstoffen zu reinigen und ihn zu entgiften.
- Sie sollten Ihrer Hautpflegecreme so viel Lapachoelixier oder alkoholischen Auszug zugeben, daß sie gerade noch die richtige Konsistenz hat. Tragen Sie diese Mischung wie gewohnt auf die Haut auf; besonders stark betroffene Hautstellen können Sie mit feuchten Lapachokompressen betupfen.
- Auch hierbei hat sich Teebaumöl bestens bewährt: Geben Sie auf eine mit Lapachotee getränkte Kompresse 3 Tropfen Australisches Teebaumöl und betupfen Sie damit die Pickel.
- Reinigen Sie Ihr Gesicht gründlich, aber bitte nicht mit Seife. Geben Sie je 2 Tropfen Australisches Teebaumöl, Lavendelöl und Pfefferminzöl in 1 Liter Lapachotee. Fügen Sie nun noch 1 Eßlöffel Zitronensaft hinzu, und fertig ist die perfekte Waschsubstanz für Ihre angegriffene Haut. Achten Sie aber darauf, daß nichts in Ihre Augen kommt. Diese Mischung ist zwar keinesfalls schädlich, aber sie brennt unangenehm in den Augen.

## Allergien

Allergien sind auf dem Vormarsch und scheinen keine Grenzen zu kennen, was ihre Vielfältigkeit betrifft. Es gibt Menschen, die mehrere Allergien gleichzeitig haben, obwohl dies oft durch die herkömmlichen Allergietests dramatisiert wird. Stellen Sie sich einmal vor, an Ihrem Körper werden gleichzeitig 20, 30 oder mehr mutmaßlich allergieauslösende Stoffe getestet. Ist es da ein Wunder, wenn Ihr Körper nicht auf alle möglichen Substanzen reagiert? Das Zusammenspiel der Menge an Allergenen muß zwangsläufig zu einer Überreaktion führen. Würden diese Stoffe nacheinander in vernünftiger Weise getestet, hätten wir wesentlich weniger angebliche Allergien. Trotzdem ist es richtig, daß die Allergiebereitschaft in der letzten Zeit zugenommen hat; dies ist wahrscheinlich auf die immer aggressiver werdenden Umweltgifte und die allgemeine Überforderung unseres Immun-

systems zurückzuführen. Allergien, z. B. gegen Insektenstiche, gehören auf alle Fälle in die Hände eines Arztes, da die häufig auftretende akute Atemnot lebensgefährlich sein kann.
Durch den Lapachotee können betroffene Allergiker ihr Immunsystem in Schwung bringen. Von äußerlichen Anwendungen würde ich hierbei allerdings abraten, da, wie bereits erwähnt, in sehr seltenen Fällen allergische Reaktionen beobachtet wurden: Bei der ohnehin durch die Allergie geschwächten Haut muß nicht noch eine weiterer Stoff hinzukommen. Gegen die innerliche Anwendung zur allgemeinen Stärkung ist dagegen nicht das Geringste einzuwenden.

- Trinken Sie daher, etwa ab einem Monat vor Beginn Ihrer Beschwerdezeit und währenddessen, 1 Liter Lapachotee täglich.

## Anämie

Bei unserer denaturierten Kost kommt es immer häufiger vor, daß wichtige Mineralien, wie z. B. Eisen, nicht ausreichend vom Körper resorbiert werden können. Dies kann zu chronischer Müdigkeit und Abgespanntheit führen. Ist der Eisenmangel zu groß, so hat der Körper keine Möglichkeit mehr, genügend rote Blutkörperchen zu produzieren; viele Frauen spüren die Symptome zur Zeit ihrer Menstruation.
Lapacho enthält relativ viel Eisen in einer für den Körper idealen Form. Außerdem wirkt es aufgrund seiner antibiotischen und adstringierenden Wirkung gegen Geschwüre und Geschwülste, die oft unbekannterweise schuld sind an der Blutarmut. Ärzte geben bei Blutmangel meist Eisenpräparate in synthetischer Form, auf die viele Patienten leider mit Verstopfung reagieren. Um dem vorzubeugen, sollten Sie versuchen, Ihren Eisenbedarf mit eisenhaltigen Nahrungsmitteln zu decken. Besonders geeignet sind z. B. grüne oder weiße Bohnen, Erdbeeren, Grünkohl, Rindfleisch, Roggenvollkornbrot, Schweinefleisch und Pilze.

- Trinken Sie über einen Zeitraum von etwa 1 Monat regelmäßig zu den Mahlzeiten Lapachotee. Auch nach dem Abklingen der Symptome sollte weiterhin prophylaktisch 1 Tasse Tee pro Tag getrunken werden. Achten Sie auch darauf, daß Sie keinen Vitamin-C-Mangel haben, denn Vitamin C fördert die Resorption von Eisen aus der Nahrung.

## Arthritis

Bei Arthritis handelt es sich um eine Gelenkentzündung aufgrund von Reizungen oder Infektionen, die an einzelnen oder gleichzeitig an mehreren Gelenken auftreten kann. Sie führt zu Schwellungen, Schmerzen und zur Bewegungseinschränkung der betroffenen Gelenke. Die Schmerzen gehen allerdings nicht nur von den Gelenken selbst, sondern auch von der die Gelenke umgebenden Muskulatur aus.
Meist ist die Ursache für die Arthritis darin zu suchen, daß der Körper mit der Entgiftung nicht mehr zurechtkommt. Da der Tee die Entgiftung unterstützt und zudem entzündungshemmend wirkt, gilt er als hervorragendes Naturheilmittel bei der Behandlung von Arthritis. Auch diese Art der Erkrankung gehört zuerst einmal in die Hände eines Mediziners: Bei Eigentherapie besteht die Gefahr einer Verschlechterung bzw. des Problems, daß die Arthritis chronisch werden könnte.

- Trinken Sie täglich 1 Liter Lapachotee, um die Entgiftung zu unterstützen.
- Machen Sie täglich auf die betroffenen Stellen einen Lapachoumschlag, wie er im Kapitel »Äußerliche Anwendung« (Seite 47) beschrieben ist.
- Wenn Sie unter einer chronischen Arthritis leiden, genießen Sie ab und zu ein Lapachovollbad. Machen Sie aber einen großen Bogen darum, wenn Ihre Erkrankung akut ist.

## Asthma

Diese Form der Atemwegserkrankung tritt immer häufiger, vor allem auch bei Jugendlichen, auf. Es ist sicher, daß diese Krankheitsbilder, bedingt durch unsere Umwelt- bzw. Luftverschmutzung mit Schwermetallen und Oxiden, auf dem Vormarsch sind. Bei Asthma handelt es sich um eine anfallsartige Atemnot, die mit Kurzatmigkeit und einer erschwerten Ausatmung einhergeht. Häufig wird Asthma auch als Folge von allergischen Reaktionen beobachtet.

Asthma wird durch ein geschwächtes Immunsystem und durch psychische Belastung gefördert. Lapacho kann auch bei dieser Erkrankung gut eingreifen, da das enthaltene Lapachol die Abwehrkräfte stärkt und sich Lapacho insgesamt beruhigend auf die Seele auswirkt. Dennoch sollten Sie, vor allem bei schwerem Asthma, vor der Behandlung mit Ihrem Arzt oder Heilpraktiker sprechen.

Gerade Heuschnupfenallergiker haben ein erhöhtes Risiko, daß sich ihre Krankheit mit der Zeit zu Asthma verschlimmert. Daher sollte eine Überempfindlichkeit gegen Gräser- und Blütenpollen durchaus ernstgenommen werden. Notfalls ist eine Desensibilisierung durch einen Arzt nötig.

- Trinken Sie täglich 1 Liter Lapachotee zwischen den Mahlzeiten.
- Inhalieren Sie die wohltuenden Dämpfe des Lapachotees. Bereiten Sie dazu den Tee nach dem Grundrezept zu und atmen Sie etwa 10 Minuten den Dampf unter einem großen Handtuch ein.

## Blasenentzündung

Plötzlich auftretendes Fieber – ohne Schmerzen oder eine andere erkennbare Ursache – läßt eine Nieren- oder Blasenentzündung vermuten, die bei Kindern und Säuglingen schmerzfrei verlaufen kann; anders jedoch bei Erwachsenen, bei denen sich die

Entzündung durch heftigen Harndrang bei geringer Urinmenge und Brennen beim Wasserlassen zeigt. Durchspülen ist hierbei erstes Gebot. Das heißt so viel trinken wie irgend möglich, damit die Entzündung nicht in die Nierengegend aufsteigt. Dauern derartige Beschwerden über einen Tag an, so gehören sie in die Hand Ihres Arztes oder Heilpraktikers.
Nicht immer muß eine Blasenentzündung mit starken Antibiotika bekämpft werden. In einigen Fällen reicht die Behandlung mit Lapachotee, der selbst antibiotisch wirkt und das Immunsystem stärkt, aus.

- Trinken Sie mehrere Tage lang täglich 1 Liter Lapachotee zwischen den Mahlzeiten.
- Die erhöhte Flüssigkeitszufuhr ist bei dieser Art der Erkrankung von entscheidender Bedeutung. Trinken Sie daher so viel wie irgend möglich, am sinnvollsten in Form von mineralarmem Wasser.
- Gönnen Sie sich täglich ein warmes Lapachositzbad. Die Badedauer sollte etwa 10 Minuten betragen. Heizen Sie den Raum gut vor und lassen Sie unbedingt Ihren Oberkörper bekleidet.

## Bronchitis und Husten

Bronchitis geht meist aus dem normalen Husten hervor. Hierbei verschleimen und verkrampfen sich die Bronchien und sind entzündlich gereizt. Normalerweise geht diese Erkrankung mit keinem oder nur geringem Fieber einher. Mit dem Abhusten eines schleimigen Auswurfes will die Lunge Giftstoffe ausscheiden, Atemnot kann auftreten. Das eigentliche Husten ist ein natürlicher Reflex, der die Atemwege von Schad- und Fremdstoffen befreien will. Bei einer Infektion versucht der Körper, über den Schleim die angesammelten Giftstoffe und Bakterien auszuscheiden. Es ist daher sinnvoll, die Schleimbildung anzuregen, denn so unterstützen wir das Heilungsbestreben am sinnvollsten. Hustenblocker sollten nur eingesetzt werden, wenn die wichtige

Nachtruhe empfindlich gestört wird oder eine Überreizung des Lungengewebes vorliegt.
Lapacho kann hierbei gleich in mehrfacher Hinsicht eine effektive Hilfe darstellen. Er ist durch seine antiseptischen und antiviralen Eigenschaften, seinen entspannenden Effekt und nicht zuletzt durch seine immunstimulierende Wirkung bestens geeignet, um den Kampf gegen diese Atemwegserkrankungen aufzunehmen.

- Trinken Sie täglich bis zu 4 Tassen Tee, gesüßt mit Honig, der bekanntlich ebenfalls gute Heilwirkungen bei Bronchitis zeitigt.
- Hilfreich kann auch eine Inhalation der Lapachoteedämpfe sein. Bereiten Sie dazu den Tee nach dem Grundrezept zu und atmen Sie etwa 10 Minuten den Dampf unter einem großen Handtuch ein. Eine zusätzliche desinfizierende Wirkung erzielen Sie, wenn Sie dem Inhalat außerdem 1/2 Teelöffel Salz beigeben.
- Als sehr angenehm erweisen sich auch Lapachokompressen: Bereiten Sie dazu den Tee mit der doppelten Menge an Rinde zu. Reiben Sie Ihre Brust mit etwas Lapachoöl oder einem Speiseöl, dem Sie 10 Tropfen Lapachoelixier bzw. Alkoholauszug zugegeben haben, ein und legen Sie darauf eine feuchtwarme Kompresse. Breiten Sie am besten ein großes angewärmtes Handtuch darüber, damit Sie nicht auskühlen. Wechseln Sie die Kompresse, bevor sie kalt wird, oder legen Sie eine Wärmflasche darüber.
- Auch Einreibungen mit Lapachoessig tun sehr gut. Verdünnen Sie dazu 1 Teil Essig mit 2 Teilen Wasser.
- Sehr einfach ist auch folgende Methode: Bei Erkältungen der Atemwege ist trockene Luft sehr unangenehm. Hängen Sie deshalb an Heizkörper Verdunstungsgefäße mit Lapachotee; Sie können auch noch 5 Tropfen Eukalyptus, 5 Tropfen Sandelholz und 5 Tropfen Lavendel zugeben. Ebenso können Sie mit der Mischung getränkte Stofftücher vor das geöffnete Fenster hängen, denn frische Luft ist gerade bei Erkältungen der Atemwege von größter Wichtigkeit. Vermeiden Sie aber unbedingt Zugluft.

- Zusätzlich zum Lapachotee können Sie sich in der Apotheke einen schleimlösenden Hustentee aus folgenden Zutaten mischen lassen:
  35 g Lindenblüten
  30 g Thymiankraut
  25 g Anisfrüchte
  10 g Süßholzwurzel
  40 g Fenchel
  Sie können der Mischung noch 50 Gramm Lapachotee hinzufügen. Von der Mischung geben Sie 1 Teelöffel auf 1 Tasse heißes Wasser, lassen den Tee etwa 5 Minuten ziehen und trinken ihn möglichst heiß und mit Honig gesüßt.

## Candida

Umweltgifte, Streß, Antibiotika und künstliche Farb- und Konservierungsstoffe schwächen unser Immunsystem. Pilze gehören nützlicherweise in eine gesunde Darmflora – erst wenn bestimmte Faktoren nicht mehr stimmen, kann es zu einer Überwucherung krankmachender Pilze im Darm kommen.
Die *Candida albicans* ist ein äußert aggressiver Hefepilz, der die Haut und Schleimhäute befällt; einige Candidaarten schädigen darüber hinaus die Nerven und belasten die Leber. Die typischen Symptome sind nicht eindeutig, und viele Patienten werden für Hypochonder gehalten, bis endlich ein Mediziner oder Heilpraktiker diesen Hefepilz diagnostiziert. Hier eine kleine Liste der Symptome: Allergien auf allerlei Nahrungsmittel, Asthma, chronische Müdigkeit, verminderte Sehfähigkeit, Kurzatmigkeit, Lernschwierigkeiten, Rückenschmerzen, Migräne, Menstruationsbeschwerden, Herzprobleme.
Man muß sich bewußt machen, daß diese Form der Erkrankung eine sehr langwierige Angelegenheit ist. Der Pilz läßt sich nur durch eine entsprechende Diät und die gezielte Stimulierung des Immunsystems beeindrucken. Die Behandlung kann Monate dauern, manchmal auch bis zu einem Jahr, und nur mit einer

ganzheitlichen Behandlung kann diese Infektion wirklich geheilt werden. Am besten nehmen Sie die Hilfe Ihres Heilpraktikers oder eines naturheilkundlich orientierten Arztes in Anspruch, erarbeiten mit ihm Ihre Pilzdiät und lassen sich bei der Entgiftung und Reinigung des Darms und des Blutes von dem Mediziner Ihrer Wahl behilflich sein.
Die innerliche und äußerliche Anwendung bei Pilzerkrankungen und speziell bei Candidiasis ist eher umstritten; unumstritten dagegen ist die Stimulierung des Abwehrsystems und die Reinigung des Darmes. Damit entsteht erst die Voraussetzung, daß unser Körper den Kampf gegen diesen hartnäckigen Pilz überhaupt antreten kann.

- Trinken Sie täglich über einen längeren Zeitraum hinweg täglich 1 Liter Lapachotee, auch wenn die Symptome bereits verschwunden sind.
- Meiden Sie folgende Nahrungsmittel: Käse, Weißmehlprodukte, Hefebrot und -kuchen, Industriezucker, Wurstwaren, Alkohol, Kaffee, schwarzen Tee, Fruchtsäfte, Limonaden und Fertigprodukte. Lassen Sie sich von Ihrem Arzt oder Heilpraktiker speziell für Sie eine Liste ungeeigneter Nahrungsmittel zusammenstellen.

## Chemotherapie

In der Chemotherapie leistet Lapacho schon seit längerem gute Dienste. Bestrahlung und Chemotherapeutika werden eingesetzt, um Tumorzellen abzutöten; leider sind die dabei auftretenden Begleiterscheinungen sehr schwerwiegend und unangenehm. Das Immunsystem wird in Mitleidenschaft gezogen, auch die Leber leidet unter den Schadstoffen. Ebenso sind fast alle anderen Organe davon betroffen, oftmals werden sogar die Schleimhäute nachhaltig geschädigt.
Lapacho hilft hierbei auf zweierlei Art. Zum einen wirkt er schmerzlindernd: Theodoro Meyer, der argentinische Lapachopionier, schrieb, daß Krebspatienten im Endstadium durch den

Einsatz von Lapacho wesentlich weniger litten. Zudem verbesserte der Tee den Allgemeinzustand der Patienten und ihr psychisches Befinden.
Zum anderen ist der Wiederaufbau des Immunsystems von entscheidender Bedeutung. Dazu ist jedoch eine gründliche Entgiftung notwendig, und hier leistet der Lapachotee wieder hervorragende Dienste. Leber und Niere erfahren eine spürbare Entlastung, der Darm wird gereinigt; zudem wirkt Lapacho heilend auf die in Mitleidenschaft gezogenen Schleimhäute und bindet Freie Radikale, die durch die Krebstherapie entstehen.

- Trinken Sie täglich 1 Liter Lapachotee. Am wirkungsvollsten ist die Therapie, wenn sie über einen längeren Zeitraum hinweg eingehalten wird. Bleiben Sie also »am Ball«.
- Trinken Sie täglich 2 bis 3 Liter Flüssigkeit, um Ihre Nieren zu entlasten.
- Stellen Sie auch Ihre Ernährung um. Bevorzugen Sie in Zukunft frisches Obst und Gemüse, da die Zufuhr von Vitaminen und Mineralien Ihrem Körper sehr hilft (denn auch Vitamine schützen vor den Freien Radikalen).

## Darmbeschwerden (Darminfektionen, -katarrhe)

Diese Erkrankungen können sowohl durch falsche Ernährung als auch durch Bakterien, Viren und Pilzinfektionen hervorgerufen werden. Die typischen Symptome sind Durchfall und kolikartige Bauchschmerzen; anhaltende Durchfälle sollten stets sehr ernst genommen werden, vor allem bei Kindern, da ihr kleiner Organismus durch den ständigen Wasser- und Mineralstoffverlust stark geschwächt wird. Da der Mensch nur so gesund ist wie sein Darm, ist es sehr wichtig, diesem ein gewisses Maß an Pflege zukommen zu lassen.
Lapacho ist in der vortrefflichen Lage, den starken Flüssigkeits- und Mineralstoffverlust durch seinen eigenen hohen Gehalt an Mineralien auszugleichen. Zudem fördert er die Heilung von

Darmkatarrhen, ganz unabhängig davon, ob sie durch Bakterien, Viren, Pilze oder Allergien hervorgerufen wurden. Der Tee wirkt jedoch auch in die entgegengesetzte Richtung. Er verschafft Abhilfe auch bei hartnäckigen Verstopfungen. Lapacho reguliert also den Darm auf schonende und natürliche Weise.

- Trinken Sie täglich 1 Liter Lapachotee.
- Trinken Sie zusätzlich bis zu 2 Liter Mineralwasser oder Fencheltee, um den erhöhten Flüssigkeitsbedarf wieder auszugleichen. Der Fencheltee hilft gleichzeitig gegen Blähungen, ohne die Funktionsfähigkeit des Darms einzuschränken.

**Hinweis:** Bei ungeklärten Bauchschmerzen ist von einer Wärmebehandlung (Wärmflasche, heißes Bad) unbedingt abzuraten, da es eventuell zu einem Blinddarmdurchbruch, zu einer Bauchfellentzündung etc. kommen kann!

## Diabetes

Bei dieser Erkrankung ist die Bauchspeicheldrüse nicht mehr in der Lage, genügend Insulin herzustellen, um den Blutzucker, vor allem nach dem Essen, auf das erforderliche Niveau zu bringen. Bei Diabetikern wird durch den nicht verwertbaren Zuckerüberschuß der Stoffwechsel schwer gestört. Die Folgen sind eine höhere Infektanfälligkeit, ein Nachlassen der körperlichen und geistigen Vitalität, Nierenschädigungen, Nervenschäden, Lähmungen, Sehstörungen (z. B. Grauer Star), und als Spätschaden kann durch die mangelnde Durchblutung an Armen und Beinen Gewebe absterben.
In der traditionellen südamerikanischen Heilkunde wird Lapacho bei der Behandlung der Zuckerkrankheit *Diabetes mellitus* sehr geschätzt. Brasilianische Forscher haben herausgefunden, daß Lapacho in der Lage ist, die Aufnahme von Glukose im Darm zu hemmen, was folglich die Bauchspeicheldrüse entlastet. Lapacho vermag ebenfalls, Stoffwechselproblemen vorzubeugen und

bei der Geweberegenerierung zu helfen, und bringt durch seine nebenwirkungsfreien antibiotischen Wirkstoffe Entzündungen zum Abheilen. Lapacho sollte daher unbedingt einen festen Platz in der Diabetestherapie einnehmen. Wer familiär mit dieser Krankheit vorbelastet ist, tut gut daran, Lapacho als Haustee täglich zu genießen. Informieren Sie auf alle Fälle Ihren Hausarzt über die Lapachotherapie, da in manchen günstigen Fällen sehr bald eine Senkung der Insulingaben möglich ist. In Brasilien wird, vor allem auch bei Jugenddiabetes, gern mit Lapacho therapiert, der sich bestens bewährt hat.

- Trinken Sie über Monate hinweg täglich 1 Liter Lapachotee, denn nur die längerfristige Einnahme verspricht einen Heilerfolg. Bedenken Sie, wie lange Sie Ihre Krankheiten sozusagen »gezüchtet und aufgepäppelt« haben – was sind dagegen 3 oder 4 Monate?
- Sind bereits Spätschäden wie Durchblutungsstörungen, Entzündungen oder ähnliches vorhanden, empfiehlt es sich, Lapacho auch äußerlich anzuwenden. Behandeln Sie die betroffenen Stellen mit feuchten Lapachokompressen.
- Nehmen Sie ein- bis zweimal wöchentlich ein wohltuendes Lapachobad.
- Es wird Ihnen nichts anderes übrigbleiben, als Ihr Leben auf die Krankheit einzustellen und eiserne Diät zu halten. In manchen Fällen soll Lapacho Diabetes zwar ganz geheilt haben, aber daß dies immer der Fall ist, muß ich bestreiten. Mit Sicherheit verschafft er jedoch Erleichterung und bewahrt Sie vor dem Schlimmsten, einer Amputation der Gliedmaßen.

## Ekzeme

Bei Ekzemen kommt es zu juckenden Hautreaktionen wie Rötungen, Schwellungen oder nässenden Bläschen. Ursachen für diese Art der Erkrankung gibt es viele: Meist ist der Grund in Allergien zu suchen, aber auch Streß, psychische Probleme und

Ernährungsfehler können schuld daran sein. Interessant ist, daß Ekzeme auch durch übertriebene Hygiene auftreten können, wenn z. B. durch mehrmaliges Waschen am Tag mit Seife die Haut austrocknet, entfettet und dadurch das Mikroklima der Hautoberfläche nachhaltig gestört wird.
Lapacho sollte hier sowohl innerlich als auch äußerlich angewendet werden. Nicht nur die Anregung des Immunsystems, sondern auch die äußere Wirkung in Form von Desinfektion, Wundheilung und Pilzabtötung kommt uns hier zugute.

- Trinken Sie täglich 1 Liter Lapachotee zwischen den Mahlzeiten.
- Tupfen Sie die betroffenen Hautstellen mit kühlen Lapachokompressen oder feuchtkalten Teebeuteln ab.
- Nehmen Sie regelmäßig, auch zur Vorbeugung wiederkehrender Ekzeme, Lapachobäder.

## Fieber

Der Körper reagiert mit Fieber, um den Viren das Leben schwerzumachen: Die meisten Krankheitserreger werden bei einer höheren Körpertemperatur als 39,5 °C abgetötet oder zumindest stark abgeschwächt. Je höher das Fieber ist und je länger es andauert, um so größer ist die Wirkung gegen die krankmachenden Viren – doch natürlich sind dem durch die Belastungsfähigkeit des Kreislaufsystems Grenzen gesetzt.
Lapacho hilft hier vor allem durch seine immunstimulierende Wirkung. Zusätzlich sollten Sie jedoch versuchen, das Fieber mit den nachfolgenden Therapiemaßnahmen in den Griff zu bekommen.

- Trinken Sie täglichen 1 Liter kalten oder heißen Lapachotee, je nach Bedürfnis.
- Abhängig von der Körpertemperatur gibt es zwei hilfreiche Möglichkeiten: Bei Untertemperatur und wenn das Abwehr-

system nicht recht in Schwung kommen will, hilft ein ansteigendes Vollbad. Dazu lassen Sie das Wasser in Körpertemperatur ein, die Sie mit dem Handrücken getestet haben. Wenn die Haut die Wassertemperatur angenommen hat, erhöhen Sie die Temperatur um 2 °C und warten die Anpassung ab, um dann erneut um 2 °C zu erhöhen. Sind 39 bis 40 °C erreicht, bleiben Sie noch etwa 5 Minuten im Wasser.

- Zu starkes und damit belastendes Fieber senken Sie mit Wadenwickeln, Herzreibung und Eisanwendung auf einen erträglichen Wert. Wählen Sie also zunächst nur eine kleine Entlastung, um das Fieber so hoch zu halten, wie Sie es vertragen und es nach Ansicht des behandelnden Arztes vertretbar ist. Oft ist besonders hohes Fieber eine Reaktion des Abwehrsystems auf Giftstoffe im Darm. Einläufe senken hierbei erfahrungsgemäß die Temperatur auf milde Weise.

## Fußbeschwerden, Fußpilz

Blasen, Warzen oder Pilze können üble Schmerzen bereiten. Pilze können theoretisch jede Hautpartie angreifen, jedoch ist der Fußpilz die häufigste äußerlich auftretende Pilzinfektion: Er tritt zwischen den Zehen oder an den Fußsohlen auf, wo er Rötungen und ein unangenehmes Jucken verursacht. Fußpilz ist zwar keine gefährliche Erkrankung aber er ist äußerst ansteckend.
Auch drückende oder zu enge bzw. zu hohe Schuhe können unangenehme Folgen haben.
Bei einer Pilzinfektion, die nur bei Menschen mit einem gestörten Immunsystem auftritt, empfiehlt sich eine längerfristige Einnahme von Lapachotee.

- Trinken Sie täglich über einen längeren Zeitraum hinweg 1 Liter Lapachotee.
- Äußerlich erfrischt ein kaltes Lapachofußbad die Füße und hilft gegen Entzündungen und Pilzinfektionen. Um von vornherein einen Gefäßkrampf durch den abrupten Übergang auf eine zu

warme oder zu kalte Wassertemperatur zu vermeiden, führen Sie jedes Fußbad als ab- oder ansteigendes Fußbad durch. Dazu kontrollieren Sie mit dem Handrücken das in die Fußwanne eingelassene Wasser. Es sollte 1 bis 2 °C kälter als die Zehen sein. Zusätzlich geben Sie auf etwa 5 Liter kühles Wasser 1 Liter kalten Lapachotee, den Sie doppelt so stark wie gewöhnlich zubereitet haben. Sie können auch 10 Tropfen Australisches Teebaumöl dazugeben.

- Zur Wirkungsverstärkung empfiehlt sich eine in Lapachotee getränkte Tamponade, die zwischen die Zehen gelegt wird.

## Gastritis

Hierbei handelt es sich um eine Entzündung der Magenschleimhaut; der Körper reagiert mit einer Überproduktion an Magensäure. Die Gastritis äußert sich eher mit vagen Symptomen wie Völlegefühl, häufiges Aufstoßen, belegte Zunge und Appetitlosigkeit. Es gibt eine ganze Reihe von Heilpflanzen, die bei einer gereizten Magenschleimhaut helfen; leider rufen sie sehr häufig Nebenwirkungen hervor. Hier hat der Lapachotee einen eindeutigen Vorteil, denn er wirkt entzündungshemmend und ohne unerwünschte Nebeneffekte.

- Trinken Sie täglich 1 Liter Lapachotee. Bitte trinken Sie ihn höchstens warm, keinesfalls heiß, um die Magenschleimhäute nicht noch mehr zu reizen.
- Lassen Sie sich in der Apotheke zusätzlich einen Heilkräutertee mischen und trinken Sie diesen im Wechsel mit dem Lapachotee.
- Stellen Sie Ihre Ernährung um. Bevorzugen Sie leichtverdauliche Kost, die vom Körper schnell verwertet werden kann. Meiden Sie stark gewürzte Speisen, fettreiches Essen, Alkohol und Nikotin.
- Legen Sie wenigstens einmal pro Tag eine Verschnaufpause ein, um den Streß, der sich den ganzen Tag ansammelt, abzu-

bauen. Wenn Sie können, machen Sie einige Minuten Autogenes Training oder legen sich einfach zu Ihrer Lieblingsmusik ein wenig auf die Couch. Träumen Sie von etwas Schönem und genießen Sie die Entspannung.

## Gelenkentzündung, Gelenkbeschwerden

Gelenkentzündungen können auch ohne äußerliche Ursache auftreten. Sie gehen meist mit Fieber und Gelenkschwellungen einher, das Bewegen des Gelenkes ist schmerzhaft. Es können auch Entzündungen der gelenknahen Kapsel oder der Lymphknoten die Schmerzursache sein.
Gelenkbeschwerden treten meist im Alter auf oder entstehen bei einer überdurchschnittlichen Belastung der Gelenke, z. B. durch starkes Übergewicht.
Lapachotee hilft vor allem dann, wenn die Schmerzen aufgrund einer Entzündung auftreten.

- Trinken Sie 1 Liter Lapachotee über den Tag verteilt, um die Schmerzen und die Entzündung in den Griff zu bekommen.
- Wie bei allen Entzündungen ist auch hier Wärme nicht angebracht. Kühlen Sie daher den entzündeten Bereich mit kalten Lapachokompressen. Stellen Sie dafür etwa 1 Liter Tee kalt oder kühlen Sie ihn durch die Zugabe von Eiswürfeln.
  Kühlen Sie die schmerzende Stelle nur, solange es guttut. Werden die Schmerzen stärker, ist es höchste Zeit, die betroffenen Körperteile ruhen zu lassen.
- Bei Entzündungen sind Wärmebehandlungen – wie gesagt – nicht zu empfehlen, bei abnutzungsbedingten Gelenkbeschwerden dagegen schon. In diesem Fall sollten die Teekompressen warm angelegt und bei Abkühlung erneuert werden.
- Auch hier ist die Mischung mit Australischem Teebaumöl angezeigt. Geben Sie auf Ihre warme oder kalte Teekompresse etwa 5 Tropfen Öl und verfahren Sie weiter wie oben beschrieben.

## Grauer Star

Der sogenannte Graue Star ist eine typische Alterskrankheit, die aber auch in Folge einer Diabeteserkrankung auftreten kann. Durch die immer schlimmer werdende Trübung der Linse kann der Betroffene zunehmend schlechter sehen. Am Ende bleibt nur noch die Operation, bei der eine künstliche Linse eingesetzt wird, als letztes Hilfsmittel.
Es gibt Patientenberichte, die besagen, daß sich der Graue Star durchaus von Lapachotee beeinflussen läßt. Ein Apotheker etwa nahm den Tee zur Linderung einer Erkältung, wo er erwiesenermaßen gute Dienste leistet, ein und konnte, sozusagen als Nebenwirkung, eine deutliche Besserung seines Augenproblems zu spüren.

- Trinken Sie daher, bevor es zu einer Operation kommt, vorbeugend 1 Liter Lapachotee täglich.
- Das Auswaschen der Augen, morgens nach dem Aufstehen und abends vor dem Zubettgehen, mit dem erkalteten Tee bringt, so belegen Berichte über die Heilerfolge aus den USA, ebenfalls Besserung.

## Grippe

Die »echte« Grippe, die Influenza, ist eine ernstzunehmende, ansteckende Erkrankung. Diese Infektionskrankheit wird durch Viren in Form einer Tröpfcheninfektion übertragen, d. h. die Ansteckung erfolgt über Husten und Niesen und verursacht Glieder- und Kopfschmerzen, Fieber, Husten, Halsschmerzen und Heiserkeit. Ebenfalls kann es zu Durchfall, Erbrechen und Kreislaufschwäche kommen. Die Influenza gehört in jedem Fall in die Hände eines fachkundigen Arztes.
Aufgrund seiner immunstärkenden Eigenschaften ist der Lapachotee, zumindest für die unterstützende Behandlung, ein ideales Mittel.

- Trinken Sie täglich 1 Liter Lapachotee mit Honig und Zitronensaft.
- Da bei einer Influenza vor allem auch die Atemwege betroffen sind, empfiehlt sich die Inhalation mit Lapachotee.
  Bereiten Sie dafür den Tee nach dem Grundrezept zu und atmen Sie etwa 10 Minuten den Dampf unter einem großen Handtuch ein. Eine zusätzliche desinfizierende Wirkung erzielen Sie, wenn Sie dem Inhalat außerdem ½ Teelöffel Salz beigeben.
- Versuchen Sie es zusätzlich mit einem sogenannten Spanischen Mantel, wie er unter dem Stichwort »Ganzkörperwickel« auf Seite 58 beschrieben ist. Dieser Ganzkörperwickel wirkt schweißtreibend. Vor dem Anlegen des »Mantels« gönnen Sie sich ein warmes Bad mit Lapachotee. Anschließend lassen Sie sich ganz in ein naßkaltes Laken oder ähnliches einwickeln und gut zudecken. Nun sollten Sie ca. 1 ½ bis 2 Stunden so eingepackt ruhen – dieser Wickel ist allerdings nur für kreislaufstabile Patienten geeignet. Wenn Sie keine Bettlaken haben, nehmen Sie eine lange Unterhose und ein langes Unterhemd, das Sie in kaltes Wasser eintauchen, auswringen und anziehen.

## Halsschmerzen

Sind Mandeln und Gaumen schmerzhaft entzündet, so spricht man von einer Angina; unter Tonsillitis versteht man eine Mandelentzündung, und die Entzündung der Lymphstränge in der seitlichen Rachenwand nennt man Seitenstrangangina. Daß die Abwehrkräfte wieder einmal versagt haben, spüren wir an Schluckbeschwerden, Halsschmerzen und geröteten, geschwollenen Mandeln. Weitere Anzeichen sind Mundgeruch und eine belegte Zunge.
Seitlich am Hals kann man kleine schmerzhafte Knötchen ertasten, die sogenannten Lymphknoten, die bei einer solchen Erkrankung stark anschwellen können. Unter dem Druck Ihres Fingers fangen diese Knoten an, zu schmerzen. Jetzt ist es wichtig, dem Abwehrsystem helfend unter die Arme zu greifen. Desin-

fizierendes Gurgeln mit einer Mischung aus Kalt- und Warmauszug empfiehlt sich hier als erster Schritt.
Lapacho wirkt vor allem antiviral, immunstimulierend und schmerzlindernd, so daß Sie bereits beim ersten Gurgeln die angenehme schmerzdämpfende Wirkung des Tees verspüren.

- Trinken Sie täglich 1 Liter Lapachotee mit Honig gesüßt.
- Gurgeln Sie je nach Bedarf mehrmals täglich bis zu 5 Minuten mit Lapachotee. Wenn Sie möchten, können Sie dem Tee auch 3 Tropfen Australisches Teebaumöl zugeben.
- Geeignet ist hierbei auch das Gurgeln mit einer Lapachoessigmischung. Geben Sie dazu in ein $^{3}/_{4}$ mit lauwarmem Wasser gefülltes Glas 1 Messerspitze Salz und 5 Teelöffel Lapachoessig. In stündlichem Abstand sollte damit jeweils 1 bis 2 Minuten gegurgelt werden.

## Hämorrhoiden

Hämorrhoiden sind innere Krampfadern im Enddarm oder äußere am After. Schuld daran ist meist eine anhaltende Stuhlverstopfung: Man kann sie durchaus als typische Zivilisationskrankheit sehen, als Folge unserer bewegungsarmen und ungesunden Lebensweise. Die wichtigste Therapie ist hier häufiges Trinken und faserreiche, d. h. ballaststoffreiche Kost.
Wer viel sitzen muß, sollte regelmäßige Spaziergänge nicht vergessen und unbedingt seine Bauch- und Beckenmuskulatur trainieren.
Lapacho wirkt entzündungshemmend und reguliert die Verdauung, seine immunstärkende Wirkung trägt indirekt auch zur Heilung bei.

- Trinken Sie täglich 1 Liter Lapachotee und zusätzlich 1 bis 2 Liter Mineralwasser, Früchte- bzw. Kräutertee oder verdünnte Säfte. Pflaumen- und Sauerkrautsaft (unverdünnt) machen den Stuhl sehr weich und locker, so daß die Ausscheidung leichter fällt.

- Betupfen Sie die äußeren Hämorrhoiden mit feuchten Lapachokompressen oder Teebeuteln, zumindest nach jedem Stuhlgang. Häufigeres Betupfen wäre allerdings empfehlenswert.
- Auch Sitzbäder verschaffen Linderung: Geben Sie in das Badewasser 1 Liter Lapachotee, der aus 1 Liter heißem Wasser und 1 Eßlöffel Rinde zubereitet wurde.
- Sie können selbst Zäpfchen herstellen, indem Sie aus der Apotheke Kakaobutter besorgen und diese im Wasserbad erhitzen. Das Basisrezept sollte nach folgendem Verhältnis zubereitet werden: 2 Teile Kakaobutter auf 1 Teil Olivenöl. Kurz vor dem Erstarren geben Sie pro 50 Milliliter der Butter-Öl-Mischung jeweils 5 Tropfen Lapachoelixier oder alkoholischen Lapachoauszug und Teebaumöl zu.
- Führen Sie mit 1/4 bis 1/2 Liter körperwarmem Lapachotee (je nach Wohlbefinden) einen Einlauf durch. Dazu legen Sie sich auf die linke Seite und lassen die Menge nicht auf einmal einlaufen, damit der Tee eine längere Zeit im Darm verweilen kann. Bleiben Sie so lange wie möglich liegen und gehen Sie dann auf die Toilette. Durch den Einlauf wird der Dickdarm von älteren Kotresten gereinigt, was der Heilung zugute kommt. Wissenschaftliche Untersuchungen haben erwiesen, daß auch die Funktion des Dünndarms bei diesem Verfahren angeregt wird.
- Vermeiden Sie stark gesalzene Nahrungsmittel, da diese im Körper Wasser binden.

## Kopfschmerzen

Die Ursachen für Kopfschmerzen sind in allen möglichen und unmöglichen Gründen zu suchen. Sie sind so vielseitig, daß man kaum genau sagen kann, woher die Schmerzen eigentlich kommen; meist spielen mehre Ursachen zusammen, und es hilft wenig, nur das Symptom, also den Kopfschmerz, zu behandeln. Hier heißt es, wie eigentlich bei allen Krankheiten, daß man dem

Problem auf den Grund gehen muß. Einerseits treten Kopfschmerzen als Begleiterscheinung von Erkältungen auf, andererseits können sie die Folge von Streß, Übermüdung, Muskelverspannungen, Alkoholmißbrauch oder einfach von einer Unterversorgung mit Vitaminen und Mineralstoffen sein.
Neben einer ausgewogenen Ernährung, möglichst frei von Genußgiften, kann der Lapachotee das Seine zur Heilung von Kopfschmerzen beitragen. Er behebt durch seinen eigenen Gehalt an Mineralstoffen Mangelzustände, wirkt schmerzlindernd und hilft dem Körper, Gifte auszuscheiden. Zusätzlich stärkt er das Immunsystem und wirkt somit als Hilfe zur Selbsthilfe.

- Trinken Sie daher täglich 1 Liter Lapachotee zwischen den Mahlzeiten.
- Wenn Ihre Kopfschmerzen durch Muskelverspannungen hervorgerufen werden, tut eine Massage mit Lapachoöl besonders gut. Geben Sie dazu einige Tropfen Lapachoelixier in ein von Ihnen bevorzugtes Hautöl oder verwenden Sie selbsthergestelltes Lapachoöl, wie es im Kapitel »Lapachoölauszug« (Seite 33) beschrieben wurde. Das Öl sollte möglichst frei von Duftstoffen sein, da auch starke Parfüms Kopfschmerzen verursachen können.

## Krampfadern

Krampfadern sind nicht nur, wie viele meinen, ein kosmetisches Problem – nein, auch von medizinischer Seite erweisen sich diese erweiterten Venen immer mehr als Problem.
An den blauen knotenförmigen Blutadern, die meist an den Beinen verlaufen, kann man erkennen, daß der Bluttransport in den Adern zum Herzen hin gestört ist und daß das Blut in den Venen versackt; so kommt es auf Dauer zu den erweiterten Venen. Als Ursachen werden neben einer angeborenen Bindegewebsschwäche vor allem der Bewegungsmangel, d. h. langes Sitzen oder Stehen, genannt. Verstopfung wirkt sich ebenfalls ungünstig

aus, weil der gefüllte Verdauungstrakt die von den Beinen rückführenden Venen im Beckenbereich einengt. Auch hormonelle Umstellungen, zum Beispiel während der Schwangerschaft, können zu Krampfadern führen, da sich der Körper durch weicheres Gewebe auf die bevorstehende Geburt vorbereitet. Mit zunehmendem Alter treten bei den meisten von uns derartige Venenerweiterungen auf.
Durch die regelmäßige Lapachoanwendung können Schmerzen, Entzündungen und Unterschenkelgeschwüre vermieden werden.

- Trinken Sie täglich, über mehrere Wochen hinweg, 1 Tasse Lapachotee. Bei akuten Beschwerden hat sich eine sechswöchige Trinkkur, die mehrmals im Jahr durchgeführt werden sollte, bewährt.
- Setzen Sie einer hautpflegenden behandlungsunterstützenden Salbe, etwa mit Roßkastanien- oder Rotem Weinlaubextrakt, einige Tropfen Lapachoelixier oder alkoholischen Auszug zu und tragen Sie die Salbe vorsichtig auf die Haut auf. Vermeiden Sie jede Art von Massage.
- Besonders bewährt hat sich auch das tägliche kalte Abduschen der Füße und Waden und eine Bürstenmassage zum Herzen hin. Sie können natürlich auch mit einer größerem Menge kaltem Lapachotee die Beine von unten nach oben mit einem Waschlappen oder Geschirrtuch waschen. Dies hat den gleichen Effekt, bringt aber zusätzlich noch den Tee äußerlich zum Wirken. Das Beste wäre allerdings eine Kombination aller Methoden, die Sie unbedingt in Ihren täglichen Kosmetikplan übernehmen sollten.
- Bei Schmerzen, die durch Krampfadern entstehen, wirken kalte Lapacho-Beinwickel besonders gut. Tauchen Sie zwei Handtücher in eisgekühlten Lapachotee und umwickeln Sie damit Ihre Beine.
- Vermeiden Sie zu langes Stehen. Bleiben Sie, wenn irgend möglich, lieber in Bewegung, damit die Beinmuskulatur bzw. die sogenannte Muskelpumpe den Venen beim Bluttransport nach oben unter die Arme greifen kann. Im Sitzen sollten Sie

das Überschlagen der Beine vermeiden und die Füße immer wieder hochlegen.

- Stellen Sie den Lattenrost in Ihrem Bett, wenn möglich, ein Stück nach oben, damit in der Nacht der Bluttransport leichter vor sich gehen kann. Belassen Sie Ihr Bett in dieser Stellung, da sich venöse Erkrankungen mit zunehmendem Alter verschlechtern. Bei Ehebetten können Sie ruhig das Bett des Partners mit erhöhen, denn diese einfache Methode eignet sich auch besonders gut zur Vorbeugung.

## Leukämie

Bei Leukämie beginnt die Anzahl der weißen Blutkörperchen auf das Zwanzig- bis Dreißigfache des normalen Wertes anzusteigen. Die Anfangssymptome sind oft uncharakteristisch und treten häufig nur in Form von allgemeiner Schwäche, Leistungsabfall und vermehrter Müdigkeit auf. Es gibt allerdings auch einige auffällige Befunde: Dazu gehören zum Beispiel Anämie, hoch fiebrige Infekte, Entzündungen des Zahnfleisches, Pneumonien, gesteigerte Blutungsneigung, vermehrtes Zahnfleischbluten und Regelblutungen sowie unklare Knochenschmerzen. Die Ursache der Krankheit ist bis heute ungeklärt – Atomreaktoren, Düngemittel der Landwirtschaft und Abgase von Fabriken sind in Verdacht geraten, Leukämie auszulösen. Diese Krankheit gehört in jedem Fall in die Hand eines Arztes. Mit der Naturheilkunde können Sie zwar die Therapie begleiten, aber nur, wenn Sie dies vorher mit dem behandelnden Arzt besprochen haben; wie bereits im Kapitel über Chemotherapie beschrieben, ist der Lapachotee in der Lage, Sekundärerkrankungen, die durch die schulmedizinische Therapie entstehen, zu lindern. Jedenfalls ist eine positive Lebenseinstellung und eine ausgewogene, gesunde und rohkostreiche Ernährung der ideale Weg, sich mit seiner Krankheit zu arrangieren und sie im Zaum zu halten.

## Magenbeschwerden

Die Ursachen für Magenbeschwerden sind sehr vielseitig, wie schon unter dem Stichwort »Gastritis« beschrieben. Falsche Ernährung, wie fette, stark gewürzte Speisen oder übermäßige Mengen an Alkohol, führen zu Magendrücken, Völlegefühl, Aufstoßen und lästigem Sodbrennen. Ebenso kann eine Magen-Darm-Infektion schuld an Magenschmerzen, Übelkeit und Durchfall sein.
Lapacho ist ein sehr magenfreundliches Naturheilmittel, das durch seinen hohen Mineralstoff- und Wirkstoffgehalt in der Lage ist, Entzündungen und Reizungen zum Abklingen zu bringen.

- Trinken Sie täglich 1 Liter Lapachotee, auch über das Abklingen der Symptome hinaus.
- Bei starkem Sodbrennen mischen Sie in 1 Glas Lapachotee 1 gestrichenen Teelöffel Natron und trinken Sie diese Mischung in kleinen Schlucken, wobei Sie nach jedem Schluck etwa 5 Minuten warten. Sobald Sie Besserung verspüren, hören Sie damit auf, egal, wieviel Sie von der Mischung getrunken haben. Das Problem ist, daß alle Menschen unterschiedlich reagieren: Manchen reicht ein Schluck, andere dagegen brauchen das ganze Glas, um eine Linderung der Symptome zu verspüren. Um einen reaktiven Säureschub zu vermeiden, sollten Sie so vorsichtig verfahren, wie ich es oben beschrieben habe.
- So paradox es klingen mag: Sie können auch versuchen, das Natron in Fruchtsäften zu »verstecken«. Seltsamerweise macht hier die im Saft enthaltene Fruchtsäure keine Probleme.

## Nebenhöhlenentzündung

Die sogenannten Nebenhöhlen oder besser Nasennebenhöhlen sind ein System von Hohlräumen in den Gesichtsknochen, die mit dem Nasen-Rachen-Raum in Verbindung stehen und über

diesen be- und entlüftet werden. Eine akute Nebenhöhlenentzündung ist ein fast regelmäßiger Begleiter einer Erkältung und geht mit starken Kopfschmerzen, manchmal mit Fieber und mit erheblichem Krankheitsgefühl einher. Die Ausheilung dauert nur wenige Tage, es sei denn, es handelt sich um eine chronische Entzündung, die meist nur durch eine Punktion oder eine Operation geheilt werden kann.
Lapacho hilft bei eitrigen Prozessen besonders gut. Er entgiftet, wirkt antiviral und entzündungshemmend. Außerdem geht er der Ursache auf den Grund: Er stärkt ja bekanntlich das in die Enge getriebene Immunsystem auf schonendste und effektivste Weise. Er wirkt in Form der Tee-Einnahme und der Inhalation.

- Trinken Sie täglich 1 Liter Lapachotee mit Honig gesüßt. Sie werden bald die schmerzlindernde Wirkung des Tees spüren können.
- Beginnen Sie mit der Inhalation der hilfreichen Dämpfe. Bereiten Sie dazu den Tee nach dem Grundrezept zu und atmen Sie etwa 10 Minuten den Dampf unter einem großen Handtuch ein. Eine desinfizierende Wirkung erzielen Sie, wenn Sie dem Inhalat zusätzlich $^1/_2$ Teelöffel Salz beigeben.
- Stellen Sie Ihre Eßgewohnheiten um. Bevorzugen Sie viel frisches Obst und Gemüse, um Ihren Körper zu entgiften und das Immunsystem aktiv zu stärken.

Achten Sie auf eine ausreichende Zufuhr von Vitamin C.

## Neurodermitis

Leider sind die Ursachen für diese Krankheit noch nicht ausreichend erforscht. Man vermutet eine Erkrankung durch Umweltgifte oder genetische Faktoren als Hintergrund für diese unangenehme Hauterkrankung. Hierbei jucken die betroffenen Hautpartien sehr unangenehm und infizieren sich durch ständiges Kratzen immer wieder neu; besonders betroffen ist die Haut der Ellen- und Kniebeuge, die besonders dünn ist, aber auch alle

anderen Hautpartien werden nicht verschont. Die Betroffenen leiden unter dem starken Juckreiz, Hautentzündungen und Rötungen bis hin zu Schuppung, nässenden kleinen Wunden und Krustenbildung. Die dadurch entstehenden seelischen Probleme sind gravierend, wodurch die Krankheit zusätzlich verstärkt wird. Aus diesem Grund vermuten viele Mediziner, daß die Krankheit auch psychosomatische Ursachen haben könnte. Oftmals spielt eine Nahrungsunverträglichkeit, zum Beispiel gegen Milcheiweiß, ebenfalls eine Rolle.
Die Neurodermitis beginnt oft bereits im Kleinkindalter – schon den Kleinsten werden die Hände in Verbände eingepackt, um das ständige Kratzen zu unterbinden. Allerdings werden in der letzten Zeit immer häufiger auch Erkrankungen im Erwachsenenalter festgestellt. Viele Betroffene, die sich inzwischen auch in Selbsthilfegruppen organisieren, konnten feststellen, daß nur eine ganzheitliche Behandlung zum Erfolg führen kann, da die Kortisonpräparate keinen dauerhaften Effekt zu haben scheinen – von den Nebenwirkungen einmal ganz abgesehen. Man muß jedoch dazu sagen, daß die neueren Präparate wesentlich besser und nebenwirkungsfreier sind als die älteren.
Meist ist eine radikale Ernährungsumstellung, Psychotherapie und die Anwendung von Naturheilmitteln erforderlich, um die Neurodermitis in den Griff zu bekommen.
Der Lapachotee ist in der Lage, das Immunsystem »anzukurbeln« und vor allem das allgemeine Wohlbefinden zu verbessern. Außerdem wirkt er, äußerlich aufgetragen, entzündungshemmend und desinfizierend und wirkt so einer Neuinfektion vor. Sie sollten zusätzlich versuchen, die Haut mit Cremes, Salben und Ölen immer geschmeidig zu halten. Diesen kosmetischen Artikeln dürfen Sie jederzeit einige Tropfen Lapachoelixier hinzufügen.

- Trinken Sie täglich 1 Liter Lapachotee, um Ihr Wohlbefinden zu steigern und den Teufelskreis zu durchbrechen.
- Geben Sie Ihren Hautpflegeartikeln pro Eßlöffel Creme oder Lotion 5 Tropfen Lapachoelixier zu.

- Betupfen Sie entzündete Hautpartien mit Lapachokompressen oder den Lapachoteebeuteln.
- Ergänzen Sie Ihren Badezusatz, der aus einem rückfettenden Ölbad bestehen sollte, pro Vollbad mit 1 Liter Lapachotee.

## Ödeme

Wenn man von Ödemen spricht, meint man damit Flüssigkeitsansammlungen im Unterhautzellgewebe.
Die häufigste Form des Ödems ist das herzbedingte Ödem: Das Herz ist durch eine Leistungsschwäche nicht mehr in der Lage, die volle Blutmenge zu befördern und durch die so entstehende Stauung versackt die Flüssigkeit in den Körpergeweben. Die Ödeme folgen der Schwerkraft, sind tagsüber zuerst in Füßen und Knöcheln spürbar und steigen dann allmählich im Körper immer weiter nach oben. Sobald der Körper in eine horizontale Lage kommt, hat es das Herz leichter und kann nun den Flüssigkeitshaushalt wieder steuern. Nun reicht auch der Funktionsdruck in den Nieren wieder aus, um die überschüssige Flüssigkeit auszuscheiden.
Erfahrungsberichte aus Brasilien zeugen von einer herzstärkenden Wirkung des Lapachotees. Zusätzlich fördert er die Wasserausscheidung über die Nieren. Darüber hinaus wirkt Lapacho entgiftend und harntreibend und packt somit das Übel an der Wurzel.

- Trinken Sie täglich zwischen den Mahlzeiten 1 Liter Lapachotee.

## Prostataentzündung

*Prostata* ist der lateinische Fachausdruck für Vorsteherdrüse. Sie umschließt mit ihrem Drüsengewebe am Blasenausgang die männliche Harnröhre, und ihre Aufgabe besteht eigentlich in der Produktion eines milchigen Sekrets, das beim Samenausstoß dem Samen beigemischt wird.

Man unterscheidet zwei Formen der Prostatitis: zum einen die spezifische Infektion, hervorgerufen durch Tuberkulose oder Gonorrhoe, und zum anderen die unspezifische Infektion, die durch alle möglichen Keime verursacht werden kann. Hauptsymptome sind starke Schmerzen, Harnverhaltung bzw. häufiges, schmerzhaftes Wasserlassen mit geringsten Mengen an Urin und einem Ausfluß, der wäßrig, blutig oder eitrig sein kann.
Da Lapacho harntreibend und entzündungshemmend wirkt, kommt er auch hier zum Einsatz.

- Trinken Sie täglich 1 Liter Lapachotee, auch über den Zeitpunkt einer Besserung hinaus.
- Vermeiden Sie Alkohol und Nikotin, auch als Passivraucher.
- Stellen Sie Ihre Ernährung dauerhaft um – sie sollte zu mindestens 50 Prozent aus Rohkost bestehen.

## Rheuma

Die Ursachen für rheumatische Beschwerden sind sehr vielseitig. Diese Erkrankung wird in erster Linie durch Ernährungsfehler, Erbanlagen, diverse Infektionen und Allergien hervorgerufen. Wir unterteilen das Rheuma in den sogenannten Weichteilrheumatismus, der Bänder, Muskeln, Sehnen und Schleimbeutel befällt, und in den Gelenkrheumatismus, der, wie der Name schon sagt, vorwiegend die Gelenke heimsucht. Zusätzlich gibt es entzündliche Rheumaformen, wie beispielsweise die rheumatoide Arthritis.
Die Behandlung mit Lapacho kann vor allem durch seine schmerzlindernde und entzündungswidrige Wirkung bei der Begleitbehandlung von Rheuma durchaus einen Sinn machen. Zusätzlich verbessert der Tee eindeutig die Blutqualität und ist in der Lage, die bei der erforderlichen Kortisonbehandlung entstehenden Sekundärerkrankungen günstig zu beeinflussen.

- Trinken Sie täglich zwischen den Mahlzeiten 1 Liter Lapachotee.
- Legen Sie bei entzündeten Gelenken kalte und bei kalten Gelenken warme Lapachokompressen auf die betroffenen Stellen (akute Gelenkentzündungen dürfen auf keinen Fall mit Wärme behandelt werden. Sprechen Sie also vorher mit Ihrem Arzt oder Heilpraktiker darüber, woher die Schmerzen kommen). Um den entspannenden Effekt der Kompressen ausnutzen zu können, sollten diese etwas über das Gelenk hinausreichen.
- Da häufig die Schmerzen nicht von den Gelenken selbst, sondern von der Sie umgebenden Muskulatur ausgehen, kann ein warmes Lapachovollbad durchaus angenehm und entspannend wirken. Wie gesagt, Sie sollten sich aber sicher sein, woher Ihre Probleme kommen.

## Schuppenflechte

Sie ist neben dem Ekzem die häufigste Hautkrankheit. Ihr Erscheinungsbild ist sehr vielseitig, von kleinen punktförmigen Hautschuppen bis zu landkartenartigen stark schuppigen Flächen. Schuppenflechte tritt meist erst im Jugend- bzw. Erwachsenenalter auf, bevorzugt in den Ellen- und Kniebeugen, im Kreuzbeinbereich, an den Unterschenkeln und am behaarten Kopf. Häufig sind auch die Fingernägel mit betroffen, die winzige punktförmige Einziehungen aufweisen oder wie Perlmutt schimmern können.
Hier zeigt sich eine positive Reaktion durch Entschlackung, Entgiftung und Ausscheidung über die Haut und den Darm aufgrund der Wirkung des Lapachotees.

- Trinken Sie daher täglich 1 Liter Lapachotee.
- Legen Sie auf die betroffenen Hautstellen Lapachokompressen. Bei akuten Entzündungen ist, wie immer, eine Behandlung mit Wärme zu unterlassen.

- Eine Nahrungsumstellung auf säurearme Vollwertkost führt fast immer zum Erfolg.

## Sonnenbrand

Jeder von uns hatte mit Sicherheit schon einmal einen Sonnenbrand. Vor allem blonde bzw. rothaarige Personen mit heller Hautfarbe müssen beim Aufenthalt an der prallen Sonne besonders vorsichtig sein: In unserer Zeit ist dies sehr wichtig, da die Strahlungsintensität durch das Ozonloch immer weiter zunimmt. Es darf auf keinen Fall versäumt werden, die Haut ausreichend durch eine Sonnencreme mit hohem Lichtschutzfaktor zu schützen. Ist es trotzdem zu spät und die Sonne hat uns wieder einmal verbrannt, sollte die Heilung der Haut nur noch durch lindernde und kühlende Maßnahmen unterstützt werden.
Mit dem entzündungshemmenden Lapachotee können diese Maßnahmen sehr sinnvoll unterstützt werden. Wichtig ist zusätzlich, wie bei allen Verbrennungen, die reichliche Flüssigkeitszufuhr, da über die geschädigte Haut sehr viel Flüssigkeit verlorengeht.

- Trinken Sie daher 1 Liter kalten Lapachotee und reichlich Fruchsaftschorlen bzw. Mineralwasser, um das Defizit wieder auszugleichen.
- Kühlen Sie die betroffenen Stellen mit kalten Lapachokompressen. Dazu tauchen Sie am besten ein Baumwollgeschirrtuch in Lapachotee und legen es kurzzeitig in das Gefrierfach Ihres Kühlschrankes. Wenn Ihnen diese Variante zu kalt ist, lassen Sie das Einfrieren weg, da immer Ihr persönliches Wohlbefinden im Vordergrund zu stehen hat.
- Fügen Sie einer Après-Milch einige Tropfen Lapachoelixier oder alkoholischen Lapachoauszug zu. Für 1 Eßlöffel Lotion reichen etwa 5 Tropfen.

# Vaginalinfektionen

Im feuchtwarmen Klima der Scheide finden Bakterien und Pilze den optimalen Nährboden, um gut zu gedeihen. Diese stets vorhandenen Krankheitserreger können einem gesunden Organismus nichts anhaben; wird jedoch die natürliche Flora durch Antibiotikaeinnahmen oder ähnliches empfindlich gestört, haben die Bakterien und Pilze, die sonst nicht die geringste Chance hätten, eine Krankheit hervorzurufen, leichtes Spiel. Bakterielle Scheidenentzündungen und Scheidenpilzinfektionen rufen neben Rötungen und Schwellungen vor allem einen unangenehmen Juckreiz und einen meist weißlichen Ausfluß hervor. Da diese Infektionen sehr ansteckend sind, sollte der Partner mit behandelt werden, damit es nicht zur wechselseitigen Ansteckung kommen kann. Wenn Sie während einer Schwangerschaft an einem Scheidenpilz erkranken sollten, informieren Sie darüber bitte sofort Ihren betreuenden Arzt, um die Ansteckung des Babys während der Geburt zu vermeiden. Meist führt der Arzt jedoch etwa zwei bis drei Wochen vor dem errechneten Termin ohnehin einen Abstrich durch, um diese Gefahrenquelle für das Baby auszuschalten.
Es ist von entscheidender Bedeutung, daß Sie täglich die Unterwäsche wechseln, wenn Sie von einer dieser Erkrankungen betroffen sind. Außerdem sollten Sie auf Synthetikfasern verzichten und auf gekochte Baumwollwäsche zurückgreifen, um eine Neuinfektion zu vermeiden.
Der Lapachotee ist durch seine antibakteriellen und antimykotischen Eigenschaften in der Lage, sowohl bei bakteriell hervorgerufenen Scheidenentzündungen als auch bei Scheidenpilzerkrankungen hervorragende Heilerfolge zu bewirken.

- Trinken Sie zur Steigerung Ihrer körpereigenen Abwehrkräfte und zur Wiederherstellung des normalen Scheidenmilieus täglich 1 Liter Lapachotee.
- Tränken Sie einen Tampon in lauwarmem Tee und führen Sie ihn in die Scheide ein. Nach etwa 3 Stunden sollten Sie die Kompressen wechseln.

- Tränken Sie einen Einmalwaschlappen mit dem Tee und waschen Sie den äußeren Vaginalbereich gründlich.
- Zusätzlich sollten Sie, im Wechsel mit dem Tee, einen Tampon in Naturjoghurt eintauchen und einführen: Dieser kühlt angenehm, wirkt dem Juckreiz entgegen und hilft beim Wiederaufbau der natürlichen Scheidenflora.

## Verbrennungen

Nur allzu oft verbrennen wir uns, sei es am heißen Topf, am spritzenden Fett aus der Pfanne oder am heißen Kaffee, den wir zu hastig getrunken haben. Viele dieser kleineren Leiden können Sie mit Lapacho gut heilen, wenn er auch nicht das erste Mittel der Wahl sein darf. Das A und O bei Verbrennungen ist immer zuerst das Kühlen unter fließendem kaltem Wasser, bis der Schmerz aufhört.
Erst im Anschluß daran kann die Lapachotherapie begonnen werden. Lapacho fördert durch die in ihm enthaltenen Tannine und Gerbstoffe die Heilung der verbrannten Stellen. Es gibt Berichte aus den USA, daß der Tee auch schwerere Verbrennungen geheilt haben soll. Dabei rate ich aber entschieden von einer Eigentherapie ab: Schwere sowie größerflächige Verbrennungen haben in der hauseigenen Therapie nichts verloren – sie gehören unbedingt und ausnahmslos in die Hände eines Arztes! Zusätzlich wirkt der Tee den oft starken Schmerzen einer Verbrennung entgegen.

- Trinken Sie täglich 1 Liter Lapachotee. Bei Verbrennungen im Mund oder Rachenraum genießen Sie Ihren Tee unbedingt kalt, im Sommer am besten noch mit Eiswürfeln gekühlt.
- Tupfen Sie die betroffenen Stellen mit feuchtkalten Teekompressen oder Lapachoteebeuteln ab.
- Sie können den Lapachotee auch in eine Sprühflasche geben und die verbrannten Hautstellen damit besprühen.
- Fügen Sie einer kühlenden Salbe gegen Verbrennungen

einige Tropfen Lapachoelixier zu und streichen Sie die wunden Hautpartien damit ein.

- Zur Vermeidung von Brandblasen tragen Sie puren Honig auf die Verbrennungen auf: Der Honig wirkt bei Verbrühungen und Verbrennungen wahre Wunder.

## Wunden

Kleinere Verletzungen, wie Schürfwunden, Schnitte oder aufgeschlagene Knie, können Sie mit Lapacho sehr gut behandeln, da Lapacho reinigend und desinfizierend wirkt, ohne zu brennen; er fördert darüber hinaus durch seinen Tanningehalt die Wundheilung.

- Waschen Sie zunächst die Wunde mit Lapachotee gründlich aus.
- Tupfen Sie kleinere Wunden mit einer Lapachokompresse ab.
- Bei größeren Wunden machen Sie einen Verband mit Lapachotee, der in einen Sud, wie ihn das Grundrezept angibt, eingetaucht und gut ausgewrungen wird.
- Eine sehr gute Desinfektionsmöglichkeit stellt Pfefferminzöl dar: Geben Sie nach der Auswaschung mit dem Tee einige Tropfen auf eine sterile Kompresse und tupfen Sie die Wunde vorsichtig damit ab. Notfalls schützen Sie die Wunde durch ein Pflaster.

## Zahnfleischentzündungen

Fast jeder von uns hat oder hatte schon einmal Probleme mit dem Zahnfleisch. Häufig sind die ersten Anzeichen, daß irgend etwas in unserem Mund nicht in Ordnung ist, Zahnfleischrötungen und Entzündungen und später Zahnfleischbluten. Diese Entzündungen werden durch Bakterien im Zahnbelag (Plaque) sowie durch mechanische Reize (schlechte Prothesen, falsches Zähneputzen) und auch durch zu heiße oder zu kalte Speisen bzw. Getränke hervorgerufen. Der Mangel an wichtigen Vitaminen und Mineralstoffen bringt das Faß dann schließlich zum Überlaufen. Vitamin C ist bekanntermaßen – denken Sie an die Seefahrer, die aufgrund dieses Mangelzustandes an Skorbut litten – für unser Zahnfleisch von entscheidender Bedeutung; für die Zähne selbst ist Kalzium ein unerläßlicher Bestandteil: Daher ist die Versorgung des Körper mit ausreichend frischem Obst und Gemüse sowie mit Milch und Milchprodukten unbedingt erforderlich. Durch eine gute und regelmäßige Zahnpflege, auch zwischen den Zähnen durch Zahnseide, werden Sie diese Probleme in den Griff bekommen.

Bei Zahnfleischreizungen, aber auch bei Mundgeruch und Aphthen hat sich der Lapachotee bisher gut bewährt.

Er fördert nicht nur durch seine desinfizierende, adstringierende, wundheilende und entzündungshemmende Eigenschaft die Heilung des Mundraumes; viel wichtiger ist, daß der Tee in der Lage ist, die Mundflora (ähnlich wie die Darmflora) zu regulieren und so die Selbstheilungskräfte des Körper zum Einsatz kommen zu lassen. Erfahrungsberichte weisen immer wieder darauf hin, daß Lapachospülungen auch langwierige Entzündungen des Zahnfleisches besiegt haben.

- Trinken Sie täglich 1 Liter Lapachotee zur Anregung des Immunsystems.
- Spülen Sie nach jeder Mahlzeit mit ungesüßtem Lapachotee, den Sie doppelt so stark, wie das Grundrezept es angibt, zubereiten.
- Betupfen Sie Fisteln oder Aphthen direkt mit einem in den Tee oder in den alkoholischen Auszug eingetauchten Wattestäbchen. Sie sollten beides, sowohl Warm- als auch Alkoholauszug, so lange verdünnen, bis kein unangenehmes Brennen auf der betroffenen Stelle mehr entsteht.

# Schönheit aus dem Regenwald

In der Hautpflege sollte der Lapachotee seinen festen Platz einnehmen. Lapachodampfbäder, die wie eine Inhalation vorbereitet werden, sind in der Lage, die Poren der Gesichtshaut zu öffnen. Die im folgenden beschriebenen Pflegeanwendungen werden besser und wirkungsvoller von der Haut aufgenommen. Lapachokompressen sind ähnlich wie Masken, jedoch ist das Anbringen und Abnehmen nicht so kompliziert. Bei jeder Anwendung sollte die Haut erst gründlich mit klarem Wasser gereinigt werden.

## Lapachotee-Waschung

Bürsten Sie Ihre Gesichtshaut morgens mit einer Gesichtsbürste oder reiben Sie sie mit einem rauhen Handtuch gut ab, um die Durchblutung zu fördern. Waschen Sie Ihr Gesicht anschließend mit warmem Lapachotee.
Nun können Sie eine selbst hergestellte Creme oder Ihr Lieblingsprodukt, angereichert mit Lapachoelixier bzw. mit alkoholischem Auszug, auftragen.
Diese Waschung können Sie natürlich auch am ganzen Körper anwenden.

## Gesichtspflege

*Lapacho-Gesichtskompressen*

Für diese Zwecke eignet sich am besten ein ausgedientes Frottiertuch, das Sie in bedarfsgerechte Stücke schneiden. Tauchen Sie diese in den Tee, der nach dem Grundrezept zubereitet wurde, ein und legen Sie die Kompressen für etwa 20 Minuten auf die gewünschten Stellen. Sparen Sie dabei die Mund- und Augenpartie aus.

*Variable, vitaminreiche Quarkmaske*

Nehmen Sie 2 Eßlöffel Magerquark und jahreszeitlich passendes Obst, z. B. Avocado, Erdbeeren, Bananen, Grapefruit oder Kiwi – all diese Sorten sind reich an den Vitaminen E, B1 und B2 und somit sehr gehaltvoll für die strapazierte Haut. Das Obst sollte so reif sein, daß es mit einer Gabel problemlos zu einem Brei zerdrückt und mit dem Quark vermischt werden kann; dann rühren Sie 1 Teelöffel Lapachotee unter. Tragen Sie diese Mischung nun auf das Gesicht auf und spülen Sie sie nach einer Einwirkzeit von etwa 20 Minuten mit lauwarmem Wasser wieder ab.

*Creme mit Haselnußöl*

20 g Kakaobutter
20 g Lanolin
$^1/_2$ TL Haselnußöl
50 ml Lapachotee

Lassen Sie die Kakaobutter und das Lanolin im Wasserbad schmelzen und rühren Sie den Tee gut unter. Geben Sie das Haselnußöl zu und rühren Sie die Creme, am besten nun im kalten Wasserbad, bis sie abgekühlt ist.

*Creme mit Oliven- und Mandelöl*

50 g Lanolin
je 1 TL Oliven- und Mandelöl
1 TL Lapachotee

Schmelzen Sie das Lanolin im Wasserbad und fügen Sie dann die (nicht erwärmten) Öle und den Tee hinzu. Nun rühren Sie diese Creme, bis sie abgekühlt ist.
Bewahren Sie alle Cremes luftdicht verschlossen im Kühlschrank maximal eine Woche lang auf.

## Lapacho in der Haarpflege

*Brüchiges, trockenes Haar und irritierte Kopfhaut*

Bei diesen Problemen empfiehlt es sich, die Kopfhaut vor der Haarwäsche mit einer Mischung aus lauwarmem Olivenöl und Lapachotee zu massieren. Je nach Haarlänge mischen Sie 2 bis 3 Eßlöffel Öl mit 1 Eßlöffel Tee. Nehmen Sie sich jedoch für diese Anwendung Zeit, denn das Öl sollte nun etwa 1/2 Stunde einwirken. Anschließend müssen Sie die Haare zweimal mit einem milden Shampoo, am besten mit Jojobaöl, waschen, um das Öl vom Haar zu entfernen, ohne es wieder auszutrocknen.
Nach dieser Kur wird das Haar glänzender, weniger brüchig und dadurch leichter kämmbar.

*Fettendes, schuppendes Haar*

Bei fettendem und schuppigem Haar hat sich eine Kombination aus Lapachotee und Essig als besonders hilfreich bewährt.
Waschen Sie zunächst Ihr Haar mit einem für Sie geeigneten Shampoo. Anschließend spülen Sie es mit einer Mischung aus 1 Liter Lapachotee und etwa 8 Eßlöffeln Apfel- oder Kräuteressig. Achten Sie vor allem auch beim Essig auf wirklich gute Qualität. Billiger Kaufhausessig, der sämtliche Spritzmittel, wie Pestizide, enthält, kann Ihrem Haar und vor allem der sehr sensiblen Kopfhaut keinen Nutzen erweisen: Sehr schnell würden Sie unter unangenehmen Kopfhautreizungen leiden und dies zu Unrecht der Anwendung des Lapacho zuschreiben.
Massieren Sie die Tee-Essig-Mischung gut in Haar und Haut ein. Lassen Sie das Ganze etwa 3 Minuten wirken und spülen Sie danach noch einmal mit klarem warmem Wasser nach.
Beim anschließenden Frisieren werden Sie merken, wie locker und duftig Ihr Haar aussieht und sich auch anfühlt.

*Normales Haar*

Auch wenn Sie kein Problemhaar haben, gibt es für Sie ein gutes Rezept:
Nehmen Sie 1 Eßlöffel Ihres Shampoos und mischen Sie es mit 1 Eigelb, 1 Teelöffel Lapachotee und 3 Tropfen Mandelöl. Reiben Sie dann das feuchte Haar damit ein; nach einer Einwirkzeit von etwa 3 Minuten wird das Shampoo gründlich ausgespült und das Haar wie üblich frisiert.
Durch das Hinzufügen des Eigelbs wird die reinigende Wirkung des Shampoos verstärkt und dem Haar mehr Spannkraft verliehen. Das Öl nährt das Haar und schützt es vor schädlichen Umwelteinflüssen.

*Lapachospülung für empfindliches Haar*

Übergießen Sie einfach 2 Eßlöffel Kamillenblüten mit $^1/_2$ Liter frisch gekochtem Lapachotee. Lassen Sie diese Mischung etwa 20 Minuten ziehen und seihen Sie den Tee ab. Spülen Sie Ihr Haar anschließend nicht mehr mit klarem Wasser aus, sondern frottieren und frisieren Sie es wie gewohnt.

# Leckere Drinks mit Lapacho

Medizin muß nicht immer bitter schmecken, wie die nachfolgenden Drinks zeigen, denn trotz vieler köstlicher Zutaten bleibt die gesundheitsfördernde Wirkung des Tees darin voll enthalten. Teilweise wird sie sogar noch verstärkt.

## Pfiffiger Lapachotee

1 Tasse Lapachotee
2 EL Schlagsahne
1 TL Agavensirup oder Honig
1 Prise Zimt

Kochen Sie den Tee nach dem Grundrezept. Verrühren Sie darin die Zutatenmischung und lassen Sie sich Ihren Tee schmecken.

## Zitronenmelissenlapacho

1 l kochendes Wasser
2 EL oder Beutel Rindentee
einige Stengel frische Zitronenmelisse
Honig nach Geschmack

Bereiten Sie den Tee nach dem üblichen Rezept zu, nur mit dem Unterschied, daß Sie Rinde und Zitronenmelisse gleichzeitig zugeben. Die Ziehdauer ist dieselbe, wie bei der herkömmlichen Zubereitungsmethode. Seihen Sie die Rinde und die Zitronenmelisse ab und süßen Sie mit dem Honig je nach Geschmack.

## Erkältungslapacho

1 l heißer Lapachotee
2 Messerspitzen Ingwerpulver
1 Prise Pfeffer
Saft von 1 Zitrone
Honig

Fügen Sie dem Tee die anderen Zutaten zu und süßen Sie ihn so, wie er Ihnen am besten schmeckt. Dieses Getränk bringt die Abwehrkräfte in Schwung und Sie zum Schwitzen. Bei den ersten Anzeichen einer Erkältung genossen, bewahrt er Sie vor Schlimmerem.

## Lapacho für Schleckermäuler

1 l Lapachotee
süße Sahne
1 Vanilleschote
brauner Zucker
Zimt

Bereiten Sie den Tee wie immer zu. Kratzen Sie das Vanillemark aus der Schote; dazu legen Sie diese auf ein Frühstücksbrettchen und klopfen einige Male mit einem Messerrücken darauf. Anschließend schneiden Sie die Schote der Länge nach auf und kratzen das Mark heraus. Fügen Sie diese schwarze Masse und den braunen Zucker der Sahne zu. Schlagen Sie die Sahne steif und geben Sie auf jede Tasse Tee 1 gehäuften Teelöffel. Bestäuben Sie das Ganze leicht mit Zimt und servieren Sie den Tee sofort, bevor die Sahne wieder flüssig wird.

## Schwarzer Lapachotee

$^1/_2$ l Lapachotee
$^1/_2$ l schwarzer Tee
Sahne
Kandiszucker

Bereiten Sie beide Teesorten getrennt voneinander zu und vermischen Sie sie anschließend. Wichtig ist es, auch bei abweichenden Mengen, das Verhältnis von 1:1 einzuhalten. Verfeinern Sie den Tee mit Sahne und Kandiszucker.

## Pfirsichlapacho

250 g Pfirsiche (frisch oder aus der Dose)
2 EL Pfirsicheis
$^1/_4$ l Milch
$^1/_4$ l Lapachotee
2 Päckchen Vanillezucker
Eiswürfel

Geben Sie alle Zutaten bis auf die Eiswürfel in einen Mixer und verrühren Sie sie kräftig. Servieren Sie das Getränk mit den Eiswürfeln.

**Tip:** Sie können Vanillezucker ganz leicht selbst herstellen, indem Sie in ein Schraubglas weißen oder braunen Zucker und 2 bis 3 Vanilleschoten geben. Lassen Sie das Glas ca. 10 bis 14 Tage verschlossen stehen.

## Fruchtlapacho

2 Äpfel
150 g Himbeeren
$^1/_2$ l Lapachotee
$^1/_2$ l Apfelsaft
Honig
geschlagene Sahne

Schälen Sie die Äpfel, entfernen Sie das Kerngehäuse und schneiden Sie die Äpfel klein. Pürieren Sie die Apfelstücke und die Himbeeren mit einem Pürierstab oder einem Mixer; geben Sie dann Tee, Saft und Honig ganz nach Belieben zu. Servieren Sie das Getränk in schönen Gläsern und verzieren Sie es mit Schlagsahne.

## Lapacho zur Weihnachtszeit

1 l heißes Wasser
2 EL oder Beutel Lapachotee
1 Vanilleschote
je 1 EL Orangeat und Zitronat
je 1 Messerspitze Anis, Koriander und Zimt
Sahne
Honig

Bereiten Sie den Tee nach dem Grundrezept zu. In der Zeit des Ziehenlassens fügen Sie den Inhalt der Vanilleschote, das Orangeat, das Zitronat und die weihnachtlichen Gewürze zu. Nach dem Abseihen verfeinern Sie den Tee mit Honig und Sahne.

## Lapacho-Silvesterbowle

$^1/_2$ l Lapachotee
$^3/_4$ l Sekt
$^1/_2$ l frisch gepreßter Orangensaft
1 EL Zitronensaft
je 2 geschälte und klein geschnittene Orangen
und Mandarinen
Agavensirup nach Bedarf

Vermengen Sie den Tee mit dem Sekt, dem Orangen- und Zitronensaft. Geben Sie die vorbereiteten Früchte hinzu und süßen Sie alles, je nach Geschmack und Sektsorte, mit dem Agavensirup.

# So schmeckt Lapacho auch den Kleinsten

Vor allem bei Kindern ist es schwer, sie von der Nützlichkeit gesunder Nahrungsmittel zu überzeugen; deshalb habe ich mir Gedanken darüber gemacht, wie man den Kleinen den Tee »unterjubeln« kann, ohne daß sie sich gegen das Getränk wehren. Denn besonders für Kinder stellt der Tee ein hervorragendes Immunstimulans dar, von dem Sie unbedingt Gebrauch machen sollten. Warum sollen wir die kindliche Abwehr mit den alkoholischen Auszügen des Roten Sonnenhutes, auch bekannt unter dem Namen Echinacin, stärken bzw. belasten, wenn wir dies auch wesentlich einfacher haben können. Der Tee hat bekanntlich gegenüber dem Alkohol keine Nebenwirkungen, daher kann er bereits von den Kleinsten genossen werden.

## Kindgerechte Drinks mit Lapacho

Aus den unterschiedlichsten Saftarten und Früchten lassen sich in Kombination mit dem Lapachotee schmackhafte Kindergetränke zubereiten. Sie können selbst ein wenig experimentieren und herausfinden, was Ihre Kindern am liebsten mögen – erlaubt ist alles, was schmeckt und bekommt. Bei der Mischung mit wertvollen Fruchtsäften sollten Sie jedoch beachten, daß der Tee höchstens lauwarm sein sollte, wenn Sie ihn zum Saft geben. Es wäre schade, wenn durch die Hitze des Tees die wertvollen Vitamine und Enzyme der Säfte zerstört werden würden.
Natürlich dürfen diese Kindergetränke auch von großen Kindern genossen werden!

### *Lapacho klassisch*

$^1/_2$ Tasse Lapachotee
$^1/_2$ Tasse frische Vollmilch
1–2 TL Honig

Rühren Sie unter den heißen Tee den Honig und bringen Sie ihn durch Zugabe der gekühlten Milch auf eine kindgerechte Trinktemperatur.

### *Litschilapacho*

$^1/_2$ Glas kalter Lapachotee
$^1/_2$ Tasse Litschisaft (aus der Dose)
3 Litschis (aus der Dose)

Vermischen Sie den kalten Tee mit dem Saft aus der Dose. Die Früchte schneiden Sie in kleine Stücke und geben diese dem erfrischenden Getränk zu. Diese Mischung eignet sich hervorragend als fruchtige Kinderbowle, z. B. für Geburtstage.

### *Vitamin-C-Lapacho*

$^1/_2$ Glas kalter Lapachotee
$^1/_2$ Glas Sanddornsaft (aus dem Supermarkt oder Reformhaus)
Honig nach Belieben

Mischen Sie den Tee mit dem Saft und geben Sie, je nach dem Geschmack Ihres Kindes, Honig zu (da Sanddornsaft etwas säuerlich schmeckt). Die Mischung mit Tee und Honig ist jedoch hervorragend.

### *Lapachosaft*

$^1/_3$ Glas kalter Lapachotee
$^1/_3$ Glas Sanddornsaft
$^1/_3$ Glas frisch gepreßter Orangensaft

Füllen Sie ein Glas zu je $^1/_3$ mit den Zutaten und rühren Sie gut um. Besonders in der Übergangszeit zum Winter steigert dieser Saft die Abwehrkräfte unserer Jüngsten enorm.

### *Traubenlapacho*

$^1/_3$ Glas kalter Lapachotee
$^2/_3$ Glas weißer Traubensaft
einige kernlose weiße Trauben

Vermischen Sie den Tee und den Saft und rühren Sie gut um. Je nach Geschmack des Kindes geben Sie einige halbierte weiße Trauben dazu.

## Lapachokuchen

Es klingt zwar sehr ungewöhnlich, aber Sie können mit diesem Tee sogar hervorragende Kuchen backen, die nicht nur den Kindern schmecken werden. Da die meisten Menschen wenigstens einmal pro Woche mit Kuchen sündigen, kann es nur von Vorteil sein, wenn wir diesen durch den Tee ein wenig aufwerten.

### *Apfel-Lapacho-Kuchen*

*Für den Teig:*

125 g Butter
125 g Zucker
1 Ei
250 g Mehl
2 TL Backpulver

*Für die Füllung:*

3–4 mittelgroße Äpfel
Saft von 1 Zitrone
1/2 l Apfelsaft
1/4 l Lapachotee
2 Päckchen Vanillepuddingpulver
150 g Zucker
2 Becher Sahne
etwas Kakaopulver

Die Butter sollte zur leichteren Verarbeitung unbedingt Kühlschranktemperatur haben. Vermischen Sie zunächst alle trockenen Zutaten miteinander auf einem Backbrett oder einer anderen geeigneten Unterlage und geben Sie die kalte Butter in kleinen Stücken dazu. Schieben Sie die Mischung zusammen und formen Sie in der Mitte mit einem Eßlöffel eine Grube, in die Sie das Ei geben. Verarbeiten Sie das Ganze rasch mit den Händen zu einem glatten Teig, den Sie, in Pergamentpapier oder Alufolie eingewickelt, einige Zeit im Kühlschrank ruhen lassen.

In der Zwischenzeit heizen Sie den Backofen vor und fetten eine Springform leicht aus.
Schälen Sie nun für die Füllung die Äpfel, entfernen Sie das Kerngehäuse und schneiden Sie das Fruchtfleisch in kleine Stücke; mischen Sie diese dann mit dem Zitronensaft, damit sie sich nicht so schnell braun verfärben. Bereiten Sie den Pudding mit dem Apfelsaft, dem Tee und dem Zucker auf herkömmliche Weise zu.
Den inzwischen gekühlten Teig rollen Sie zu einem runden Boden aus und legen ihn in die Springform. Drücken Sie den Rand gut fest und stechen Sie mit einer Gabel einige Löcher in den Kuchenboden; verteilen Sie nun die Äpfel darauf und gießen Sie den Lapachopudding darüber. Backen Sie das Ganze etwa 50 bis 60 Minuten bei 175 °C, bis der Boden goldbraun ist. Lassen Sie den Kuchen nach dem Backen gut auskühlen und bestreichen Sie ihn anschließend mit der steifgeschlagenen Sahne. Sieben Sie etwas Kakaopulver darüber und stellen Sie den Kuchen, am besten über Nacht, kalt.

### *Lapachoschnitten*

*Für den Teig:*

6 Eiweiß
6 Eigelb
150 g Zucker
1 Päckchen Vanillezucker
150 g Mehl
$^3/_4$ Päckchen Backpulver

*Für die Füllung:*

600 ml Multivitaminsaft
400 ml Lapachotee
3 Päckchen Puddingpulver
9 EL Zucker
3 Becher Sahne
3 Päckchen Sahnesteif

*Für den Belag:*

Butterkekse
2 Tafeln Zartbitterschokolade
1 Tafel Vollmilchschokolade
75 g weißes Pflanzenfett

Schlagen Sie die Eiweiße zu Schnee. Eigelbe, Zucker und Vanillezucker müssen gut schaumig gerührt werden, anschließend mengen Sie das mit Backpulver vermischte Mehl dazu. Heben Sie nun das Eiweiß darunter und streichen Sie den Teig auf ein mit Backpapier ausgelegtes Blech. Bei 180 °C wird der Boden etwa 12 bis 15 Minuten gebacken. Stürzen Sie den Boden dann auf ein Küchentuch und ziehen Sie das Backpapier ab.
Für die Füllung bereiten Sie aus dem Saft, dem Tee, dem Puddingpulver und dem Zucker einen Pudding zu. Streichen Sie die Masse auf den Biskuitboden und geben Sie die mit Sahnesteif vermischte und steifgeschlagene Sahne darauf.
Belegen Sie nun die Sahne mit den Butterkeksen, die Sie (für Erwachsene) auf der Unterseite mit Amaretto einstreichen können. Im Wasserbad verflüssigen und verrühren Sie Fett und Schokolade gleichmäßig und ziehen diesen Guß über die Butterkekse.

## *Lapacho-Frischkäse-Torte*

*Für den Teig:*

300 g Löffelbiskuits
125 g Butter

*Für die Füllung:*

200 g Frischkäse (Doppelrahmstufe)
80 g Zucker
1 Päckchen Vanillezucker
Saft von 2 Orangen
300 ml Lapachotee
200 ml Wasser
1 Päckchen Götterspeise (Zitronengeschmack)
4 EL Zucker (für die Zubereitung der Götterspeise)
3 Becher Sahne
2 Päckchen Sahnesteif

Zerkleinern Sie die Löffelbiskuits so gut wie möglich – je feiner, desto besser. Nehmen Sie 1 Tasse der Brösel von der Menge ab und heben Sie sie für den Belag auf. Den Rest verarbeiten Sie mit der verflüssigten Butter und drücken dieses Gemisch auf den Boden einer Springform.
Verrühren Sie für die Füllung nun den Frischkäse mit dem Zucker, dem Vanillezucker und dem Orangensaft. Die Götterspeise setzen Sie mit einer Mischung aus dem Lapachotee und dem Wasser an und lassen sie 5 Minuten zum Quellen stehen. Geben Sie die 4 Eßlöffel Zucker zu und erhitzen Sie das Ganze unter ständigem Rühren, bis sich alles gelöst hat. Nicht kochen lassen!
Lassen Sie die Götterspeise abkühlen und geben Sie sie lauwarm unter die Käsemasse. Die mit Sahnesteif geschlagene Sahne unterheben und in die vorbereitete Springform füllen. Geben Sie die zurückbehaltenen Brösel darauf und kühlen Sie die Torte unbedingt 1 Tag.

## *Gewürz-Lapacho-Kuchen*

125 g Butter
250 g Zucker
1 Prise Nelken
1 Prise Zimt
1 Prise Salz
4 Eier
500 g Mehl
1 Päckchen Backpulver
$^1/_4$ l Lapachotee
125 g Korinthen
50 g kandierte Kirschen
50 g Sukkade
Saft von 1 Zitrone
150 g Puderzucker

Stellen Sie aus den gesamten Zutaten einen Rührteig her und füllen Sie ihn in eine große gefettete Kastenform. Bei etwa 180 °C lassen Sie ihn ungefähr 60 Minuten backen. Nach dem Erkalten überziehen Sie den Kuchen mit einem Zitronenguß aus dem Zitronensaft und dem Puderzucker.

### *Orangen-Lapacho-Torte*

*Für den Teig:*

250 g Butter
200 g Zucker
4 Eigelb
250 g Mehl
2 TL Backpulver
4 Eiweiß

*Zum Tränken:*

Saft und Schale von 1 unbehandelten Zitrone
Schale von 1 unbehandelten Orange
175 ml Orangensaft
100 ml Lapachotee
125 g Zucker

*Für den Guß:*

Saft von 1 kleinen Orange
150 g Puderzucker

Stellen Sie aus allen Teigzutaten (bis auf das Eiweiß) einen Rührteig her. Schlagen Sie das Eiweiß steif und heben Sie es unter die Teigmasse. Bei 175 °C muß der Kuchen etwa 40 Minuten backen.
Vermischen Sie nun die Zutaten zum Tränken und erhitzen Sie das Ganze unter ständigem Rühren. Streichen Sie den Saft durch ein Sieb und tränken Sie den noch warmen Kuchen damit.
Verrühren Sie dann den Orangensaft mit dem Puderzucker und bestreichen Sie damit den abgekühlten Kuchen.
Der Kuchen sollte 1 Tag im voraus gebacken werden, da er erst dann sein herrliches Aroma entfaltet.

## Lapachodesserts

Gerade für Kinder ist die Nachspeise das A und O – was natürlich nicht bedeutet, daß die nachfolgenden Desserts nur für sie geeignet oder bestimmt sind. Lassen Sie es sich schmecken und seien Sie gewiß, daß Sie durch den Tee im Nachtisch Ihrem Körper – trotz der Kalorien – etwas Gutes tun.

### *Apfelpudding*

*Für 4 Personen:*

300 ml Apfelsaft
200 ml Lapachotee
6 Blatt weiße Gelatine
1 Vanilleschote
2 kleine süße Äpfel

Weichen Sie die Gelatine in kaltem Wasser ungefähr 10 Minuten ein und drücken Sie sie anschließend gut aus. Den Apfelsaft mit dem Tee und der Vanilleschote erhitzen und die Gelatine darin auflösen. Nehmen Sie anschließend die Vanilleschote heraus und stellen Sie den Apfelsaft kalt, um ihn leicht angelieren zu lassen. Schälen Sie in der Zwischenzeit die Äpfel, entfernen Sie das Kerngehäuse und würfeln Sie das Fruchtfleisch. Sobald der Saft geliert (das erkennen Sie daran, daß der Saft am Rand der Schüssel leicht sulzig wird), mischen Sie die Apfelstücke gut unter. Stellen Sie den Pudding kalt, bis er fest geworden ist. Dazu können Sie noch Vanillesoße servieren.

**Tip:** Wenn Sie schöne Puddingförmchen haben, spülen Sie sie kalt aus und füllen Sie die Masse ein. Nach dem Erkalten stürzen Sie das Dessert auf einen Teller. Diese Nachspeise ist auch für Kinderfeste bestens geeignet.

### *Traubengelee*

*Für 4 Personen:*

300 g weiße Weintrauben
4 Blatt weiße Gelatine
400 ml weißer Traubensaft
100 ml Lapachotee

Zupfen Sie die Weintrauben von der Rispe und waschen Sie die Trauben sorgfältig. Halbieren Sie die Früchte und entfernen Sie die Kerne (oder nehmen Sie eine kernlose Sorte). Weichen Sie die Gelatine in kaltem Wasser etwa 10 Minuten ein und drücken Sie sie anschließend gut aus. Geben Sie die Gelatine in eine Schöpfkelle und halten Sie die Kelle in heißes Wasser, so daß sich die Gelatine im Wasserbad verflüssigt. Mischen Sie die Trauben, den Saft und den Tee in einer Schüssel und rühren Sie die aufgelöste Gelatine darunter. Füllen Sie das Dessert in Portionsschälchen und stellen Sie es kühl, bis es fest geworden ist.

### *Apfelmousse*

*Für 4 Personen:*

5 große, säuerliche Äpfel
2 EL Zucker
$^1/_8$ l Lapachotee
Saft von 1 Zitrone
1 Prise Zimt
6 Blatt weiße Gelatine
$^1/_4$ l Sahne
$^1/_{16}$ l Sahne zum Verzieren

Die Äpfel schälen, entkernen und achteln. Mit Zucker und Tee kochen, den Zitronensaft dazugeben und unter Rühren die Flüssigkeit etwas einkochen. Bitte achten Sie darauf, daß die Äpfel nicht anbrennen. In der Zwischenzeit lassen Sie die Gelatine in kaltem Wasser 10 Minuten einweichen und lösen sie anschließend in der heißen Apfelsoße auf. Pürieren Sie die Äpfel, schmecken Sie sie mit Zimt ab und lassen Sie die Masse abkühlen. Sobald die Fruchtcreme stockt, ziehen Sie die steifgeschlagene Sahne unter. Füllen Sie das Dessert in Portionsgläser. Vor dem Servieren bitte gut kühlen und mit Sahnetupfern oder Sahnerosetten verzieren.

### *Bananeneis mit Lapacho und Honig*

1 große Banane
Saft von je 1 Zitrone und Orange
100 ml Lapachotee
2 EL heller Blütenhonig
1 Päckchen Vanillezucker
3 Eigelb
3 Eiweiß
2 EL Crème fraîche

Die Banane mit den Säften, dem Tee und den Eigelben im Mixer sehr gut pürieren. Geben Sie den Honig und den Vanillezucker zu und lassen Sie den Mixer etwa 1 Minute auf der höchsten Stufe laufen. Füllen Sie die Masse in ein möglichst weites Gefäß und lassen Sie sie so lange gefrieren, bis sie an den Rändern fest wird. Rühren Sie die Masse dann nochmals gut durch und frieren Sie sie wieder ein. Unter die gleichmäßig gefrorene, aber noch weiche Masse zuerst Eischnee und dann Crème fraîche unterheben und nun fest gefrieren lassen.
Für den richtigen Zeitpunkt des Unterrührens gibt es keine exakte Zeitangabe, da dies von der Größe der verwendeten Früchte (Saftmenge) und Ihrem Gefriergerät abhängig ist. Sie müssen immer wieder nachsehen, ob das Eis schon durchgefroren, aber unbedingt noch weich ist.

**Tip:** Bevor Sie das Eis servieren, lassen Sie es etwas antauen, damit es cremiger schmeckt.

## Haustieren helfen mit Lapacho

Lapacho wirkt auf Tiere ähnlich wie auf Menschen: Er stimuliert ebenso das Immunsystem der vierbeinigen Freunde wie das ihrer zweibeinigen Besitzer.
Der Tee wird für die Tiere nach dem üblichen Grundrezept zubereitet. Die Teegabe für Hund und Katze ist, in Verbindung mit Grapefruitkernöl, eine sehr effiziente und den tierischen Organismus nicht belastende Wurmkur. Der Tee allein kann innerlich und äußerlich (in Form von Abreibungen oder Bädern) auch eine sehr wirkungsvolle Hilfe gegen Flöhe, Zecken und andere Parasiten darstellen. Manche Tiere, so z. B. unsere Mischlingshündin Donna, trinken Lapachotee freiwillig und, wie es scheint, auch gern. Bei ihr ist die innerliche Anwendung sehr leicht. Unseren Kater Danny dagegen muß man, ähnlich wie die Kinder, ein wenig überlisten. Er genießt seinen Tee entweder vermischt mit Sahne, oder er bekommt den Inhalt einer Kapsel in einer Streichwurst versteckt »serviert« – bei unserem Kater hat sich Leberwurst besonders bewährt.
Das Grapefruitkernöl ist ebenfalls in Kapseln erhältlich, so daß sich seine Gabe bei den besten Freunden des Menschen sehr vereinfachen läßt.
In einigen Regionen der Anden soll der Lapachotee Hunden sogar vorbeugend gegen Tollwutinfektionen gegeben werden.

### Lapacho-Tierbad

Meist sind es ja die Hunde, denen dieses Vergnügen zuteil wird, aber es gibt auch Menschen, die ihre Katze hin und wieder baden – obwohl dies bei einer Katze nicht nötig ist, da ihre »Katzenwäsche« sehr gründlich und schonend ist. Nach der eigentlichen Reinigung, für die Sie ein Hundeshampoo benötigen, massieren Sie das Fell und die Haut darunter mit Lapachotee. Dazu verwenden Sie 1 Liter Lapachotee, der doppelt so stark wie das Grundrezept zubereitet werden sollte: Auf 1 Liter Wasser kommen also 4 Eßlöffel Rinde. Danach trocknen Sie das Fell, ohne

es nochmals mit Wasser zu spülen. Sie werden merken, daß Zecken und dergleichen sehr bald ihre Freude an den Haustieren verlieren werden.
Da Sie Ihre Tiere jedoch nicht täglich baden können, sollten Sie versuchen, besonders in der Zeckenzeit den Tieren täglich etwas Tee zu verabreichen. 4 Eßlöffel genügen bereits, um sie vor den unerwünschten Parasiten zu schützen.

## Pflanzen stärken mit Lapacho

Ursache für die meisten Pflanzenkrankheiten ist oft falsche Pflege – was aber nicht unbedingt mit Nachlässigkeit gleichzusetzen ist; man spricht in diesem Zusammenhang von physiologischen Schäden. Schuld können jedoch auch Pilz-, Bakterien- oder Virusinfektionen sein. Aufgrund der Tatsache, daß Lapacho pilztötend und antibakteriell wirkt, kam ich auf die Idee, den Tee bzw. den Teesatz auch meinen Pflanzen zukommen zu lassen. Nach meiner Erfahrung sind alle biologischen Schädlingsbekämpfungsmaßnahmen, wie Abbrausen, Abbürsten, Tauchbäder, in Verbindung mit Lapacho erlaubt. Eine deutliche Stärkung der Zimmerpflanzen war die Folge meiner Experimente.

### Physiologische Schäden

*Bleiche Blätter (Chlorose)*

Sie sind in den meisten Fällen ein Zeichen für Eisen- oder Magnesiummangel, der auftritt, wenn das Gießwasser zu kalkhaltig ist. Der Kalk bindet das Eisen im Boden in einer Form, in der es von den Pflanzen nicht aufgenommen werden kann. Beide Elemente sind zur Bildung des Blattgrüns unbedingt erforderlich.
Nehmen Sie abgestandenes, lauwarmes Gießwasser und geben Sie 1 Liter Wasser $^1/_4$ Liter Lapachotee zu.
Gönnen Sie diese Mischung Ihren erkrankten Pflanzen einmal pro Woche.

*Spitzendürre*

Diese Erkrankung ist meist ein Zeichen für zu geringe Luftfeuchtigkeit.
Besprühen Sie die betroffene Pflanze regelmäßig mit kalkarmem Wasser; benützen Sie die gleiche Mischung wie oben.
Sie können die Luftfeuchtigkeit auch erhöhen, indem Sie die Pflanze in einen zu großen Übertopf stellen, auf dessen Boden Sie einige Steine oder Tonscherben gelegt haben. Geben Sie nur so viel Wasser hinein, daß die Pflanze nicht im Nassen steht. Nach und nach verdunstet dieses Wasser, und die Luftfeuchtigkeit im direkten Umfeld der Pflanze wird größer.

*Eingerollte Blätter*

Diese entstehen durch einen Schutzmechanismus der Pflanze. Sie verkleinert dadurch ihre Oberfläche und verdunstet weniger Wasser. Entweder steht diese Pflanze zu warm oder sie wird zu wenig gegossen.
Stellen Sie die Pflanze in ein Lapacho-Tauchbad, indem Sie einen ausreichend großen Eimer mit einer Mischung von 4 : 1 füllen: D. h. auf 4 Liter Wasser geben Sie 1 Liter Lapachotee. Warten Sie, bis sich das Substrat richtig vollgesaugt hat. Wenn nötig, sollten Sie die Erde mit Steinen beschweren, damit sie nicht völlig weggeschwemmt wird. Stellen Sie die Pflanze anschließend am besten an einen kühleren Standort.

*Krankheiten durch Schädlinge*

Beim Befall durch Schildläuse, Spinnmilben, Thripse, Woll- oder Schmierläuse ist die Erhöhung der Luftfeuchtigkeit das erste Mittel der Wahl. Die erkrankte Pflanze sollte von den befallenen Blättern oder Blüten befreit werden und mit einer Lapacho-Wasser-Mischung im Verhältnis 1 : 1 besprüht oder, noch besser, gründlich abgeduscht werden.
Genau das Gegenteil sollten Sie unternehmen, wenn Ihre Pflanze mit der Weißen Fliege oder Blattälchen (Nematoden, Faden-

würmer) zu kämpfen hat: Ihr Wachstum wird durch ein Zuviel an Feuchtigkeit begünstigt. Befallene Pflanzenteile sollten entfernt und vernichtet werden. Gießen Sie die Pflanze in Zukunft erst nach Durchführung der sogenannten Fingerprobe: Hierbei überprüfen Sie die Feuchtigkeit des Substrates mit einem Finger. Es ist besser, die Erde immer gut trocknen zu lassen und nur einmal wöchentlich gründlich zu gießen. Am besten mit einer Mischung von Wasser und Lapacho im Verhältnis 4 : 1.
Wird Ihre Pflanze jedoch von Wurzelgallenälchen oder Weichmilben heimgesucht, gibt es leider keine Abhilfe. Vernichten Sie, auch wenn es wehtut, die Pflanze samt Topf.

*Allgemeine Tips*

Erfreuen sich Ihre Pflanzen bester Gesundheit, dann soll es auch so bleiben. Sie tragen mit Ihren Pflegemaßnahmen entscheidend zur gesunden Entwicklung Ihrer Pflanzen bei, wenn auch beim Gärtner, der sie Ihnen verkauft hat, ein großer Teil der Verantwortung liegt. Wenn Sie einige Kleinigkeiten beachten, steht dem Wachstum und der Blütenvielfalt Ihrer Pflanzen nichts mehr im Wege.

- Führen Sie vor jedem Gießen die Fingerprobe durch.
- Gießen Sie nur mit abgestandenem, lauwarmem Wasser.
- Viele Pflanzen lieben hohe Luftfeuchtigkeit. Durch Wasserverdunster an Heizkörpern, dem direkten Besprühen der Pflanze oder durch den »Topftrick« (siehe »Spitzendürre«) kann dem Genüge getan werden.
- Stellen Sie Ihre Pflanzen an den für sie idealen Standort, was Licht und Temperatur betrifft.
- Nehmen Sie Rücksicht auf die Ruhephasen der Pflanzen.
- Düngen Sie in der Blüh- bzw. Wachstumsphase wöchentlich.
- Lockern Sie mindestens einmal wöchentlich die Erde auf, damit die Wurzelatmung wieder besser funktioniert. Sie können dazu etwas Lapachoteesatz unter die Erde mischen.

- Vermeiden Sie Zugluft – Ihre Pflanze wird es Ihnen danken.
- Lassen Sie kein Wasser im Übertopf bzw. Untersetzer stehen, das würde Wurzelfäule begünstigen. Natürlich gibt es einige Ausnahmen, wie das Usambaraveilchen, welches nur über den Untertopf gegossen werden darf. Das überflüssige Wasser sollte aber auch hier nach etwa einer halben Stunde weggeschüttet werden.
- Benützen Sie keine chemischen Schädlingsvernichter. Diese schaden nicht nur dem Feind, sondern auch dem Freund, unseren Pflanzen.

# Übersicht der Formen der Lapachoeinnahme

**Lapachokaltauszug**

Geben Sie 2 Eßlöffel Rinde auf $^1/_2$ Liter abgekochtes und auf Zimmertemperatur abgekühltes Wasser. Wenn möglich, die Rinde mit Wasser im Mixer zerkleinern und 10 bis 12 Stunden stehen lassen. Anschließend abseihen.

**Lapachowarmauszug**

Darunter versteht man das Teekochen. Geben Sie auf 1 Liter kochendes Wasser 2 Eßlöffel Rinde. Lassen Sie beides zusammen 5 Minuten kochen und anschließend noch 20 Minuten ziehen. Abseihen.

**Lapachoölauszug**

Geben Sie 5 Eßlöffel Rinde in $^1/_2$ Liter qualitativ hochwertiges Olivenöl. Wenn möglich, zerkleinern Sie das Ganze in einem Mixer. Diese Mischung sollte 3 Wochen in einer verschlossenen Glasflasche stehen. Immer wieder einmal schütteln. Am Schluß den Öl-Tee-Brei durch ein Leintuch streichen.

**Lapachoessig**

Lapachoessig entsteht, wenn Sie 50 Gramm Rindentee in $^3/_4$–1 Liter qualitativ hochwertigen Essig geben. Lassen Sie den angesetzten Essig drei Wochen reifen. Besonders effektiv erweist sich die Lösung der Wirkstoffe, wenn Sie Essig und Rinde im Mixer zerkleinern. Vor Gebrauch durch einen Kaffeefilter gießen.

**Alkoholischer Auszug des Tees**

Die Herstellung erfolgt wie beim Lapachoessig. Wenn Sie Lapachowein herstellen wollen, entscheidet Ihr Geschmack über die Wahl der Sorte. Bevorzugen Sie jedoch Rotwein. Für den Lapachoschnaps eignen sich alle herkömmlichen Schnapssorten mit über 30 Prozent Alkohol. Geeigneter ist jedoch siebzigprozentiger Alkohol aus der Apotheke. Lapachoschnaps ist nur zur äußerlichen Anwendung geeignet!

**Homöopathische Aufbereitung des Lapachotees**

Lassen Sie sich von einem Apotheker aus den obengenannten Alkoholauszügen die Verdünnungen D 12, D 9, D 6, D 4, D 3, D 2 und D 1 herstellen.

**Lapachotabletten**

Sie sind in jedem Reformhaus oder in jeder Apotheke erhältlich. Überprüfen Sie bitte, ob es sich dabei nur um zu Pulver vermahlene Rinde handelt oder ob die Tabletten synthetisch hergestellt wurden. Bei der letzteren Möglichkeit wird der Lapacholgehalt oftmals in ungünstiger Weise höher dosiert, als die Substanz in natürlicher Form vorkommt.

**Lapachoelixier**

Das Elixier erhalten Sie ebenfalls in Reformhäusern oder Apotheken. In der Wirkungsweise ist das gekaufte Lapachoelixier meinem Alkoholauszug sehr ähnlich. Sie müssen daher nicht unbedingt auf die teuren Produkte zurückgreifen.

## Literatur

Angerstein, Joachim H.: *Die Essig-Hausapotheke*, Trimbach: Weltbild 1997

Haaga, Eva Maria: *Apfelessig macht schlank und schön*, München: Heyne 1998

Haaga, Eva Maria: *Gesunde Kinder mit Apfelessig*, München: Heyne 1998

Lübeck, Walter: *Heilen mit Lapachotee*, Aitrang: Windpferd 1997

Michael, Ingetraut: *Selbstbehandlung mit Naturheilmitteln*, Teningen-Nimburg: Sommer 1996

Wagner, H. und R. Seitz: *Lapacho (Tabebuia impetiginosa) – Portrait einer südamerikanischen Urwalddroge*, in: *Zeitschrift für Phytotherapie*, Nr. 19, 1998, Seiten 226–238

## Bezugsquellen

Inzwischen gibt es dank der großen Nachfrage eine Fülle an verschiedensten Anbietern. Ich wage es nicht, einzelne Firmen besonders hervorzuheben, da ich persönlich nicht in der Lage bin, den Tee genauestens zu analysieren; beim Teekauf verlasse ich mich auf meinen Apotheker. Bisher habe ich keine negativen Erfahrungen mit Qualitätsmängeln oder -unterschieden, auch bei verschiedenen Anbietern, machen müssen. Ich bin mir sicher, daß Sie mit ebenso gutem Gewissen den Tee in Ihrer Apotheke oder dem Reformhaus in Ihrer Nähe erwerben können. In jedem dieser Geschäfte ist man bestimmt gern bereit, Ihnen Auskunft über die Herkunft und die Wirkungsweise des Tees zu geben. Viele Apotheker holen für Sie sogar extra Informationsmaterial von den jeweiligen Herstellern ein, so daß Sie sich selbst ein Bild von Qualität, Herkunft und Verarbeitungsweise des Tees machen können. Nutzen Sie diese Möglichkeit, in Ihrem eigenen Interesse, auf jeden Fall.

# Register